Paris
1922

Kautsky, Carl

Documents allemands relatifs à l'origine de la guerre

Tome 4

DOCUMENTS ALLEMANDS

RELATIFS A

l'Origine de la Guerre

COLLECTION COMPLÈTE DES DOCUMENTS OFFICIELS

Rassemblés avec quelques Compléments

PAR

KARL KAUTSKY

ET PUBLIÉS, A LA DEMANDE DU MINISTÈRE ALLEMAND DES AFFAIRES ÉTRANGÈRES,

APRÈS RÉVISION EN COMMUN AVEC KARL KAUTSKY

PAR

Le Comte Max MONTGELAS et le Professeur Walter SCHUCKING

Traduit par CAMILLE JORDAN

Ministre plénipotentiaire

TOME IV

DE LA DÉCLARATION DE GUERRE A LA FRANCE
A LA DÉCLARATION DE GUERRE
DE L'AUTRICHE-HONGRIE A LA RUSSIE

(Avec annexes)

PARIS

ANCIENNE LIBRAIRIE SCHLEICHER

ALFRED COSTES, ÉDITEUR

8, RUE MONSIEUR-LE-PRINCE, 8

1922

DOCUMENTS ALLEMANDS

RELATIFS A

L'ORIGINE DE LA GUERRE

DOCUMENTS ALLEMANDS
RELATIFS A
l'Origine de la Guerre

COLLECTION COMPLÈTE DES DOCUMENTS OFFICIELS
Rassemblés avec quelques Compléments

PAR

KARL KAUTSKY

ET PUBLIÉS, A LA DEMANDE DU MINISTÈRE ALLEMAND DES AFFAIRES ÉTRANGÈRES,

APRÈS RÉVISION EN COMMUN AVEC KARL KAUTSKY

PAR

Le Comte Max MONTGELAS et le Professeur Walter SCHUCKING

Traduit par CAMILLE JORDAN

Ministre plénipotentiaire

TOME IV

DE LA DÉCLARATION DE GUERRE A LA FRANCE
A LA DÉCLARATION DE GUERRE
DE L'AUTRICHE-HONGRIE A LA RUSSIE

(Avec annexes)

PARIS

ANCIENNE LIBRAIRIE SCHLEICHER

ALFRED COSTES, ÉDITEUR

8, RUE MONSIEUR-LE-PRINCE, 8

—

1922

ERRATA

P. 2, nº 737, ajouter *in fine*, après « au courant », les mots : « sur sa demande ».

P. 4, nº 739, ligne 17, lire : « ont été fusillés ce matin » au lieu de « ont été fusillés ».

P. 7, nº 745, ligne 3, lire : « de l'attitude agressive initiale de l'Autriche » au lieu de « de l'attitude agressive de l'Autriche ».

P. 20, nº 764, ligne 32, ajouter après « comme *nous avons été les agresseurs* », les mots « et que nous n'avons pas été attaqués ».

P. 24, nº 768, note 1, lire : « a été envoyé au Ministre de l'Intérieur » au lieu de « a été envoyé au Ministère de l'Intérieur ».

P. 27, nº 772, ligne 4, lire : « dans la concentration en Galicie » au lieu de « dans la marche en Galicie ».

P. 40, nº 786, ligne 15, lire : « Je télégraphierai aussitôt que possible » au lieu de « Il télégraphiera aussitôt que possible ».

P. 41, nº 787, ligne 2, lire : « Le Ministère d'État a déjà » au lieu de « Le Ministère a déjà ».

P. 48, nº 797, note 3, lire : « D'après le nº 738, la communication avait été effectuée dès 9 heures du matin » au lieu de : « La communication effectuée conformément au nº 738 a eu lieu dès 9 heures du matin ».

P. 53, nº 804, ligne 3, lire : « que l'importation des vivres reste libre » au lieu de « que l'exportation des vivres reste libre ».

P. 60, nº 811, note 6, ligne 2, lire : « remis 6 h. 3 après-midi » au lieu de « remis 6 h. 2 après-midi ».

P. 67, nº 821, ligne 1, lire : « a été envoyé aujourd'hui à 11 h. 10 matin » au lieu de « a été envoyé à 11 h. 10 matin ».

P. 68, nº 822, ligne 6, lire : « des offres de vente de bétail » au lieu de « des offres de vente de détail ».

P. 80, nº 839, note 2, ligne 4, lire : « au Ministre de la Guerre » au lieu de « au Ministère de la Guerre ».

P. 80, nº 839, note 5, ajouter après (5) les mots « Voir nº 863 ».

P. 82, nº 841, ligne 7, lire : « au sujet de la démarche autrichienne » au lieu de « au sujet de la démarche ».

P. 94, nº 857, ligne 8, lire : « dans le conflit européen actuel » au lieu de « dans le cas d'un conflit européen ».

P. 115, annexe I, note 5, lire : « Cette annexe... est reproduite ici » au lieu de « Cet annexe... ».

P. 152, annexe IV, nº 11, ligne 9, lire : « a dû se rendre compte » au lieu de « devrait se rendre compte ».

P. 199, annexe IX, ligne 11, lire : « Berlin » au lieu de « l'Allemagne ».

P. 201, Index des noms cités nº 4, lire : « Les noms des personnages qui ne sont mentionnés » au lieu de « Les noms des personnes qui ne sont mentionnées ».

TABLE CHRONOLOGIQUE DU TOME IV (1)

N°s	HEURE DU DÉPART	DATE ET SUSCRIPTION	HEURE DE L'ARRIVÉE	PAGES
		3 Août		
735		Le Ministre à Bruxelles au Ministère des Affaires Étrangères.	1 h. 10 soir	1
736		L'Ambassadeur à Londres au Ministère des Affaires Étrangères.	1 h. 37 soir	1
737		Le Consul à Hong-Kong au Ministère des Affaires Étrangères.	1 h. 37 soir	2
738		Le Ministre à La Haye au Ministère des Affaires Étrangères.	1 h. 37 soir	3
739		Le Grand État-Major général au Ministère des Affaires Étrangères.	1 h. 45 soir	4
740		Le Ministre de Prusse à Munich au Ministère des Affaires Étrangères.	2 h. 5 soir	4
741	2 h. 10 soir	Le Sous-Secrétaire d'État des Affaires Étrangères à l'Ambassadeur à Madrid et au Ministre à Lisbonne.		5
742	2 h. 20 soir	Le Secrétaire d'État des Affaires Étrangères à l'Ambassadeur à Londres.		5
743	2 h. 40 soir	Le Secrétaire d'État des Affaires Étrangères au Ministre à Sofia et au Chargé d'affaires à Bucarest.		6
744	2 h. 48 soir	Le Chancelier de l'Empire à l'Ambassadeur à Londres.		6
745		L'Ambassadeur à Rome au Ministère des Affaires Étrangères.	3 h. 20 soir	7
746		Le Ministre d'État du Luxembourg, Président du Gouvernement au Secrétaire d'État des Affaires Étrangères.	3 h. 37 soir	8
747	3 h. 45 soir	Le Secrétaire d'État des Affaires Étrangères à l'Ambassadeur à Londres.		9
748		L'Ambassadeur à Rome au Ministère des Affaires Étrangères.	3 h. 45 soir	9
749		Note du Bureau du Chiffre du Ministère des Affaires Étrangères.		10
750	3 h. 50 soir	Le Secrétaire d'État des Affaires Étrangères à l'Ambassadeur à Vienne.		10
751	3 h. 55 soir	Le Secrétaire d'État des Affaires Étrangères à l'Ambassadeur à Constantinople.		11

(1) Les dates et heures indiquées sont celles du départ du Ministère des Affaires Étrangères et de l'arrivée au Ministère. Pour les télégrammes, etc., de l'Empereur, ce sont celles du départ de la résidence impériale et de l'arrivée à la résidence. Voir *Observations préliminaires* (1).

Nos	HEURE DU DÉPART	DATE ET SUBSCRIPTION	HEURE DE L'ARRIVÉE	PAGES
		3 Août (suite)		
752		Note du comte Mirbach, conseiller référendaire au Ministère des Affaires Etrangères.		11
753		Note du comte B. Wedel, conseiller référendaire au Ministère des Affaires Etrangères		12
754		L'Ambassadeur d'Italie au Secrétaire d'Etat des Affaires Etrangeres.	soir	12
755		Le Roi d Italie a l'Empereur.	avec le n° 751	13
756		L'Ambassadeur d'Italie au Secrétaire d Etat des Affaires Etrangeres.	soir	14
757		L'Ambassadeur d'Italie au Secrétaire d'Etat des Affaires Etrangeres.	soir	15
758		Le Ministre de Prusse à Munich au Ministre des Affaires Etrangeres (Chancelier de l'Empire.	soir	15
759		L'Ambassade d'Autriche-Hongrie au Ministre des Affaires Etrangeres.		16
760		L'Ambassade d'Autriche-Hongrie au Ministère des Affaires Etrangeres.	soir	17
761		L'Ambassade d'Autriche-Hongrie au Secrétaire d'Etat des Affaires Etrangères.	soir	17
762	4 h. 5 soir	Le Sous-Secrétaire d'Etat des Affaires Etrangeres au Ministre à Belgrade (en ce moment a Nisch.		18
763	4 h. 5 soir	Le Sous-Secrétaire d'Etat des Affaires Etrangeres au Charge d'affaires à Athenes.		18
764		L'Ambassadeur a Londres au Ministere des Affaires Etrangeres.	4 h. 33 soir	19
765		Le Roi des Belges à l'Empereur.	5 h. soir	21
766	5 h 10 soir	L'Empereur a l'Empereur d'Autriche.		22
767		L'Ambassadeur a Constantinople au Ministére des Affaires Etrangeres.	5 h. 12 soir	23
768		Le Président du Gouvernement de Dusseldorf au Chancelier de l'Empire.	5 h. 15 soir	24
769		L'Ambassadeur a Londres au Ministere des Affaires Etrangeres.	5 h. 33 soir	25
770		L'Ambassadeur a Londres au Ministere des Affaires Etrangeres.	6 h. 38 soir	25
771		L'Ambassadeur a Rome au Ministere des Affaires Etrangeres.	6 h. 38 soir	26
772		L'Ambassadeur a Vienne au Ministere des Affaires Etrangeres.	7 h. 17 soir	27
773		Communication officielle publiee par le Bureau télégraphique Wolff.	soir	28
774	7 h. 35 soir	Le Secrétaire d'Etat des Affaires Etrangeres à l'Ambassadeur a Rome.		29
775		Le Secrétaire d'Etat de la Marine au Secretaire d'Etat des Affaires Etrangeres.	soir	29
776		L'Ambassadeur à Paris au Ministere des Affaires Etrangeres.	7 h. 35 soir	30

Nᵒˢ	HEURE DU DÉPART	DATE ET SUBSCRIPTION	HEURE DE L'ARRIVÉE	PAGES
		3 Août (suite)		
777	7 h. 45 soir	Le Secrétaire d'État des Affaires Étrangères à l'Ambassadeur a Londres		30
778	soir	Le Secrétaire d'État des Affaires Étrangères a l'Empereur.		31
779		Le Ministre à Bruxelles au Ministère des Affaires Étrangères	7 h. 58 soir	31
780		L'Empereur au Chancelier de l'Empire.	soir	33
781		Article du Ministère des Affaires Étrangères relatif a l'intervention en Belgique, destiné à la Presse, mais non publié.		34
782		L'Ambassadeur a Londres au Ministère des Affaires Étrangères.	8 h. 10 soir	36
783	8 h. 20 soir	L'Empereur au Roi des Belges.		37
784		L'Ambassadeur a Londres au Ministère des Affaires Étrangères	8 h. 48 soir et 9 h. 30 s.	37
785		L'Ambassadeur à Tokio au Ministère des Affaires Étrangères.	9 h. 14 soir	38
786		Le Ministre à Bucarest au Ministère des Affaires Étrangères	9 h. 45 soir	39
787		La 16ᵉ Division d'Infanterie au Ministère des Affaires Étrangères.	9 h. 49 soir	40
788		Le Chef d'État Major général de l'Armée au Ministère des Affaires Étrangères.	10 h soir	41
789		Le Ministre à Christiania au Ministère des Affaires Étrangères.	10 h. 10 soir	42
790	10 h. 25 soir	Le Chancelier de l'Empire à l'Ambassadeur a Londres.		42
791	10 h. 35 soir	Le Secrétaire d'État des Affaires Étrangères au Ministre a Bruxelles.		43
792		Le Ministre a La Haye au Ministère des Affaires Étrangères.	11 h. 35 soir	44
793		Le Grand État Major général au Ministère des Affaires Étrangères.		44
		4 Août		
794		Le Ministre à Bucarest au Ministère des Affaires Étrangères.	12 h. 1 mat.	45
795		L'Ambassadeur a Constantinople au Ministère des Affaires Étrangères.	12 h. 6 mat.	46
796		Le Chargé d'affaires a Pekin au Ministère des Affaires Étrangères.	1 h. 17 mat	47
797		Le Ministre à La Haye au Ministère des Affaires Étrangères	1 h. 17 mat.	48
798		L'Ambassadeur a Vienne au Ministère des Affaires Étrangères.	1 h. 41 mat.	49
799		L'Ambassadeur à Londres au Ministère des Affaires Étrangères.	2 h. 12 mat.	49

Nᵒˢ	HEURE DU DÉPART	DATE ET SUSCRIPTION	HEURE DE L'ARRIVÉE	PAGES
		4 Août (suite)		
800		Le Consul général à Copenhague au Ministère des Affaires Étrangères.	3 h. 40 mat.	50
801		L'Ambassadeur à Londres au Ministère des Affaires Étrangères.	4 h. 9 mat.	51
802		Le Ministre à Stockholm au Ministère des Affaires Étrangères.	4 h. 12 mat.	52
803		Le Chargé d'affaires à Athènes au Ministère des Affaires Étrangères.	5 h. 45 mat.	53
804		Le Chef de l'État-Major général de l'Armée au Ministère des Affaires Étrangères.	matin	53
805	9 h. 20 mat	Le Secrétaire d'État des Affaires Étrangères au Ministre à Bruxelles.		55
806	9 h. 55 mat.	Le Secrétaire d'État des Affaires Étrangères à l'Ambassadeur à Rome.		56
807		Le Chef de l'État-Major général de l'Armée au Ministère des Affaires Étrangères.		56
808		L'État-Major de la Marine au Secrétaire d'État des Affaires Étrangères	matin	57
809		L'Ambassadeur à Paris au Ministère des Affaires Étrangères.	10 h. 6 mat.	57
810	10 h. 20 mat	Le Secrétaire d'État des Affaires Étrangères à l'Ambassadeur à Londres		58
811		Le Ministre à Bucarest au Ministère des Affaires Étrangères.	10 h. 5 mat.	59
812	matin	Note du comte Mirbach, conseiller réfétendaire au Ministère des Affaires Étrangères.		61
813		Le Grand État-Major général au Ministère des Affaires Étrangères.	11 h. 15 mat. et 3 h. soir	61
814	11 h 40 mat.	Le Chancelier de l'Empire à l'Ambassadeur à Vienne.		62
815		L'Ambassadeur à Constantinople au Ministère des Affaires Étrangères.	11 h. 45 mat.	63
816	11 h 50 mat.	Le Secrétaire d'État des Affaires Étrangères au Ministre à Sofia.		63
817	11 h. 50 mat	Le Secrétaire d'État des Affaires Étrangères à l'Ambassadeur à Vienne.		64
818		L'Ambassadeur à Vienne au Ministère des Affaires Étrangères.	12 h. 55 soir	64
819		L'Ambassadeur à Londres au Ministère des Affaires Étrangères.	1 h. 21 soir	65
820		L'Ambassadeur à Londres au Ministère des Affaires Étrangères.	1 h. 37 soir	66
821		L'État-Major de la Marine au Chancelier de l'Empire	soir	67
822		Le Chef de l'État-Major général de l'Armée au Ministère des Affaires Étrangères.	soir	68
823		L'Ambassadeur d'Angleterre au Ministère des Affaires Étrangères.	soir	68

Nᵒˢ	HEURE DU DÉPART	DATE ET SUSCRIPTION	HEURE DE L'ARRIVÉE	PAGES
		4 Août (suite)		
824		L'Ambassadeur d'Angleterre au Ministère des Affaires Etrangères.	soir	70
825		Le Chef de l'Etat-Major général de l'Armée au Ministère des Affaires Etrangères.	soir	71
826		L'Ambassade d'Autriche-Hongrie au Ministère des Affaires Etrangères	soir	71
827		Note du Conseiller de légation Esternaux.	soir	72
828		L'Ambassade d'Autriche-Hongrie au Ministère des Affaires Etrangères.	soir	72
829	4 h. 5 soir	Le Secrétaire d'Etat des Affaires Etrangères à l'Ambassadeur à Londres.		73
830	4 h. 10 soir	Le Ministère des Affaires Etrangères au Ministre à Bucarest.		74
831		L'Ambassadeur à Londres au Ministère des Affaires Etrangères.	4 h. 25 soir	75
832	4 h. 25 soir	Le Ministère des Affaires Etrangères au Ministre à Athènes		75
833		Le Ministre à Bucarest au Ministère des Affaires Etrangères	4 h. 37 soir	76
834		La Commission du Sénat de la Ville libre et hanséatique de Hambourg, pour les Affaires de l'Empire et les Affaires Etrangères, au Ministère des Affaires Etrangères.	4 h. 56 soir	76
835		L'Ambassadeur à Londres au Ministère des Affaires Etrangères.	5 h. 29 soir	77
836	6 h. 8 soir	Le Secrétaire d'Etat des Affaires Etrangères à l'Ambassadeur à Constantinople.		78
837		Le Roi des Belges à l'Empereur.	6 h. 20 soir	78
838		Le Ministre à Christiania au Ministère des Affaires Etrangères.	6 h. 55 soir	79
839		L'Ambassadeur d'Angleterre au Ministère des Affaires Etrangères	7 h. soir	79
840		L'Ambassadeur à Vienne au Ministère des Affaires Etrangères.	7 h. 40 soir	81
841		L'Ambassadeur à Vienne au Ministère des Affaires Etrangères.	7 h. 40 soir	82
842		Le Commandant de la 16ᵉ Division d'Infanterie au Ministère des Affaires Etrangères.	7 h. 47 soir	83
843	8 h. soir	Le Secrétaire d'Etat des Affaires Etrangères au Ministre à Stockholm.		83
844		L'Ambassadeur à Vienne au Ministère des Affaires Etrangères.	8 h. soir	84
845		Le Ministre à Bruxelles au Ministère des Affaires Etrangères.	8 h. 10 soir	84
846		Le Ministre à Copenhague au Ministère des Affaires Etrangères	8 h. 21 soir	85
847	8 h. 30 soir	Le Secrétaire d'Etat des Affaires Etrangères au Ministre à Bucarest.		85

Nos	HEURE DU DÉPART	DATE ET SUSCRIPTION	HEURE DE L'ARRIVÉE	PAGES
		4 Août (suite)		
848	9 h. 5 soir	Le Secrétaire d'État des Affaires Étrangères à l'Ambassadeur à Londres.		86
849	9 h. 10 soir	Le Secrétaire d'Etat des Affaires Etrangères aux Gouvernements allemands confédérés.		86
850		L'Ambassadeur à Rome au Ministère des Affaires Etrangères.	9 h. 30 soir	87
851		L'Ambassadeur à Madrid au Ministère des Affaires Etrangères.	9 h. 30 soir	90
852		L'Ambassadeur à Constantinople au Ministère des Affaires Etrangères.	9 h. 30 soir	90
853		L'Ambassadeur à Londres au Ministère des Affaires Etrangères	10h 10 soir	91
854		L'Ambassadeur à Constantinople au Ministère des Affaires Etrangères.	10h. 10 soir	91
855		Le Ministre à Copenhague au Ministère des Affaires Etrangères.	10 h. 10 soir	92
856		L'Ambassadeur à Constantinople au Ministère des Affaires Etrangères.	10h. 45 soir	93
857		Le Ministre à Sofia au Ministère des Affaires Etrangères.	10 h. 45 soir	94
858		L'Ambassadeur à Vienne au Ministère des Affaires Etrangères.	10 h. 50 soir	95
859		L'Ambassadeur à Rome au Ministère des Affaires Etrangères.	11 h. 6 soir	95
860	soir	Note de de Bergen, Conseiller référendaire au Ministère des Affaires Etrangères	11 h. 9 soir	96
861		L'Ambassadeur à Vienne au Ministère des Affaires Etrangères	11 h 30 soir	96
862		L'Ambassadeur à Vienne au Ministère des Affaires Etrangères.		96
		5 Août	matin	
863		L'Ambassadeur d'Angleterre au Secrétaire d'Etat des Affaires Etrangères.		97
864	12h. 25 mat.	Le Secrétaire d Etat des Affaires Etrangères à l'Ambassadeur à Vienne.		99
865	1 h. 15 mat.	Le Secrétaire d'Etat des Affaires Etrangères au Ministre à Sofia.		99
866		Le Secrétaire d Etat des Affaires Etrangères au Ministre à Sofia		100
867		Le Ministre à Bucarest au Ministère des Affaires Etrangères.	1 h. 16 mat	101
868		Le Ministre à Bucarest au Ministère des Affaires Etrangères.	3 h. 21 mat	101
869		Le Chef de l'Etat-Major général de l'Armée au Secrétaire d Etat des Affaires Etrangères.		103
870		Le Secrétaire d Etat de la Marine au Secrétaire d'Etat des Affaires Etrangères.	matin	104

Nos	HEURE DU DÉPART	DATE ET SUBSCRIPTION	HEURE DE L'ARRIVÉE	PAGES
		5 Août (suite)		
871		Note de de Bergen, Conseiller référendaire au Ministère des Affaires Etrangères.	soir	104
872	10h.45 mat.	Le Secrétaire d'Etat des Affaires Etrangères à l'Ambassadeur à Vienne.		105
873	10 h.45 mat.	Le Secrétaire d'Etat des Affaires Etrangères au Ministre à Sofia.		105
874	12 h. 20 soir	Le Secrétaire d'Etat des Affaires Etrangères à l'Ambassadeur à Vienne.		105
875	2 h. 30 soir	Le Secrétaire d'Etat des Affaires Etrangères au Secrétaire d'Etat de la Marine		106
876		Le Chef de l'Etat-Major général de l'Armée au Ministère des Affaires Etrangères.	soir	106
877		L'Ambassadeur à Vienne au Ministère des Affaires Etrangères.	4 h. soir	107
878		L'Ambassadeur à Vienne au Ministère des Affaires Etrangères.	7 h. 40 soir	108
		6 Août		
879		L'Ambassade d'Autriche-Hongrie au Ministère des Affaires Etrangères.	matin	108

TABLE DES ANNEXES

N° 735
Le Ministre à Bruxelles
au Ministère des Affaires Etrangères (1).

Télégramme 28.

Bruxelles, le 3 août 1914 (2).

Le gouvernement belge se refuse à accueillir nos propositions (3) et s'opposera par la force à toute violation de sa (4) neutralité.

Le texte suit (5). L'attaché militaire est parti en même temps en automobile pour Aix-la-Chapelle. La presse a rendu publique la démarche.

Les communications télégraphiques ne sont pas sûres.

BELOW.

----

(1) D'après le déchiffrement.
(2) Remis à Bruxelles 10 h. 55 matin, parvenu au Ministère des Affaires Etrangères 1 h. 10 après-midi. Timbre d'enregistrement à l'entrée : 3 août après-midi. Déchiffrement envoyé à l'Empereur le 3 août. Communiqué le 3 août à l'Etat-Major général, au Ministère de la Guerre, à l'Etat-Major de la Marine et au Ministère de la Marine.
(3) Voir n° 376.
(4) *Sic* dans le déchiffrement.
(5) Voir n° 779.

N° 736
L'Ambassadeur à Londres
au Ministère des Affaires Etrangères (1).

Télégramme 231.

Londres, le 3 août 1914 (2).

Pour le Ministère de la Marine et l'Etat-Major de la

----

(1) D'après le déchiffrement.
(2) Remis à Londres 6 heures matin, parvenu au Ministère des Affaires

Marine, avec le chiffre du Ministère des Affaires Étrangères.

L'ambassadeur demande instamment que la flotte, sous réserve des mesures de précaution nécessaires, évite tout ce qui pourrait être considéré comme une provocation à l'Angleterre ou même comme un acte d'hostilité. L'espoir de la neutralité possible de l'Angleterre n'est nullement disparu.

Attaché naval,
LICHNOWSKY.

Étrangères ‹ h. 3₇ après-midi. Timbre d'enregistrement à l'entrée : 3 août après midi. Communiqué le 3 août à l'État Major général, au Ministère de la Guerre, à l'État-Major de la Marine et au Ministère de la Marine.

N° 737

Le Consul à Hong-Kong
au Ministère des Affaires Étrangères (1).

Télégramme 10.

Hong-Kong [sans date] (2).

Le Gouverneur de la colonie me déclare qu'après des conversations avec le général résidant ici, dans le cas d'une guerre entre l'Allemagne et l'Angleterre, qui, on l'espère ne se produira pas, il permettra à tous les Allemands ici de continuer à exercer leur profession, s'ils déclarent par mon entremise, sur leur parole d'honneur, qu'ils n'entreprendront rien contre l'Angleterre, qu'à la même condition je pourrai rester ici et continuer mes fonctions. Le Gouverneur, sous d'autres rapports, comme la permission d'embarquer du charbon, en dépit de l'état de préparatifs de guerre, est tout à fait favorable à l'Allemagne. Tsingtau a été mis au courant.

VORETZSCH.

(1) D'après le déchiffrement.

(2) L'heure de la remise à Hongkong n'est pas indiquée, parvenu au Ministère des Affaires Étrangères 3 août ‹ h. 3₇ après midi. Soumis à l'Empereur le 3 août. Communiqué le 3 août à l'État-Major général, au Ministère de la Guerre, à l'État-Major de la Marine et au Ministère de la Marine.

N° 738

Le Ministre à La Haye
au Ministère des Affaires Etrangères (1).

Télégramme 30.

La Haye, le 3 août 1914 (2).

Reçu le télégramme n° 25 (3). J'en ai informé aujourd'hui à neuf heures du matin le Ministre Loudon. Le Ministre m'a remercié de cette communication sans se prononcer provisoirement sur ma déclaration. En ce qui concerne les violations de neutralité de la part de la France, communiquées par le télégramme n° 27 (4), M. Loudon prendra immédiatement des informations.

MÜLLER.

(1) D'après le déchiffrement.
(2) Remis à La Haye 11 heures matin, parvenu au Ministère des Affaires Etrangères 1 h. 37 après-midi. Timbre d'enregistrement à l'entrée : 3 août après-midi.
(3) Voir n° 674.
(4) Voir n° 677 et 797.

N° 739

Le Grand Etat-Major général
au Ministère des Affaires Etrangères (1).

Communication téléphonique (2-3).

1. Information du 15° corps d'armée (Commandement général) : Des violations de frontière par les Français le 1ᵉʳ août au soir à Metzeral et au col de la Schlucht sont établies sans l'ombre d'un doute. Des postes allemands ont été accueillis à coups de fusil. Point de pertes. Parti de Strasbourg 2. 8. 9 h. 30 du soir.

2. Information du 15° corps d'armée (Commandement général) : Dans la nuit du 1ᵉʳ au 2 août une violation de frontière

(1) D'après une copie de la main de Rosenberg.
(2) Reçu le 3 août 1 h. 45 après-midi. Timbre d'enregistrement à l'entrée : 3 août après-midi.
(3) Cf. le n° 734.

a eu lieu de la part de l'infanterie française en face de Markirch. Les Français ont ouvert les premiers le feu. Point de pertes. Parti de Strasbourg 2. 8. 5 h. 55 après-midi.

3. La 58ᵉ brigade d'infanterie annonce de Mulhouse 2. 8. 42 h. 40 de l'après-midi : des patrouilles ennemies ont franchi la frontière à Montreux-Vieux et dans la région de Rette, mais elles se sont repliées.

4. Information de la commandanture des lignes de Cologne, 2. 8. 11 h. 45 du soir : active circulation d'avions ennemis au-dessus de la frontière, de la direction de Trèves vers Jünkerath et de la direction de Dahlheim vers Rheydt et sur la rive droite du Rhin vers Cologne. A Rheydt, ils ont fait des signaux avec des feux blancs, rouges et verts.

5. Information téléphonique du chef de l'Etat-Major du 21ᵉ corps d'armée, 3. 8. 9 h. 40 du matin : trois avions et un dirigeable (large de l'avant, pointu de l'arrière) ont été fusillés par des mitrailleuses au-dessus de la gare de Sarrebourg (Lorraine). Ces appareils n'ont pas fait les signaux de reconnaissance prescrits.

6. Information de la commandanture des lignes à Ludwigshafen-sur-Rhin 2. 8. au soir : Deux avions ennemis ont été signalés aujourd'hui (2 août) à 10 h. du soir, à Neustadt sur le Hardt.

7. Nouvelle de la commandanture de la ligne Wesel (parvenue le 2 août au soir) : A Wesel un avion ennemi a été descendu.

N° 740

**Le Ministre de Prusse a Munich
au Ministère des Affaires Etrangères** (1).

Télégramme 29.

Munich, le 3 août 1914 (2).

Le ministre de France accrédité ici, Allizé, a déclaré hier qu'à Paris on exprimait un doute sur le point de savoir si le

---

(1) D'après le déchiffrement.

(2) Remis à Munich 11 h. 50 matin, parvenu au Ministère des Affaires

casus foederis était intervenu. Le petit nombre de personnes qui connaissent le traité semblent l'interpréter de façons différentes.

TREUTLER.

Etrangères 2 h. 5 après-midi. Timbre d'enregistrement à l'entrée : 3 août après-midi. Le déchiffrement a été remis à l'Empereur le 3 août. Retourné au Ministère le même jour.

N° 741

Le Sous-Secrétaire d'Etat des Affaires Etrangères à l'Ambassadeur à Madrid et au Ministre à Lisbonne (1).

Télégrammes 33,55.

Berlin, le 3 août 1914 (2).

Je vous prie de me télégraphier en chiffre les nouvelles communiquées dans la presse ou connues autrement, relatives à des mouvements des troupes ou des marines de la Russie, de la France, de l'Angleterre ainsi que les événements politiques concernant ces Etats.

ZIMMERMANN.

(1) D'après la minute. Projet de la main de Langwerth de Simmern.
2) 2 h. 10 après-midi à l'Office central télégraphique.

N° 742

Le Secrétaire d'Etat des Affaires Etrangères à l'Ambassadeur à Londres (1).

Télégramme 218.

Berlin, le 3 août 1914 (2).

Toutes les nouvelles d'une prétendue invasion allemande en France sont tendancieuses et inventées. Jusqu'ici aucun soldat allemand n'a franchi la frontière française (3).

JAGOW.

(1) D'après la minute. Projet de la main de Zimmermann.
(2) 2 h. 20 après-midi à l'Office central télégraphique.
(3) Voir n°ˢ 731 et 744.

N° 743
Le Secrétaire d'Etat des Affaires Etrangères
au Ministre à Sofia
et au Chargé d'affaires à Bucarest (1).

Télégrammes 48, 72.

Berlin, le 3 août 1914 (2).

Pour utilisation confidentielle.

L'ambassadeur impérial à Constantinople annonce la signature du traité d'alliance avec la Turquie (3).

JAGOW.

---

(1) D'après la minute. Projet de la main de Zimmermann.
(2) 2 h. 40 après-midi à l'Office central télégraphique.
(3) Voir n° 726.

N° 744
Le Chancelier de l'Empire
à l'Ambassadeur à Londres (1).

Télégramme 219.

Urgent. Berlin, le 3 août 1914 (2).

Je vous prie de publier immédiatement dans la presse anglaise, en faisant ressortir son caractère officiel, une déclaration d'après laquelle les nouvelles françaises d'une invasion allemande sont de pure invention. Jusqu'à cet après-midi aucun soldat allemand ne se trouvait sur le territoire français. Par contre, des détachements français ont pénétré hier en Alsace-Lorraine (3).

BETHMANN HOLLWEG.

---

(1) D'après la minute. Projet de la main de Hammann avec modifications de Jagow. Annotation marginale de la main de Riezler. « Remis un télégramme en ce sens à Reuter. »
(2) 2 h. 48 après-midi à l'Office central télégraphique.
(3) Voir n°° 731 et 742.

N° 745
L'Ambassadeur à Rome
au Ministère des Affaires Étrangères (1).

Télégramme 172.
Urgent.   Rome, le 3 août 1914 (2).

Le marquis de San Giuliano maintient le point de vue que ces actes de la France ne posent pas le *casus fœderis*, parce qu'ils ne sont que la conséquence de l'attitude agressive de l'Autriche (3). La discussion avec lui est arrivée à un degré de vivacité tel que sa continuation présenterait des inconvénients. Il nous reproche d'avoir concerté le jeu avec l'Autriche pour placer l'Italie devant un fait accompli. On ne saurait jeter une grande puissance dans un pareil conflit sans la consulter auparavant. Nous devions donc supporter les conséquences du fait que l'Italie ne s'en laissera pas imposer. On ne lui avait même pas laissé le temps de faire les préparatifs militaires nécessaires. On ne pouvait pas, dans ces conditions, exposer le pays à des attaques anglo-françaises. A cela venait s'ajouter le grand danger de la situation intérieure (4). Nous verrions ce qu'il adviendrait de l'Autriche dans cette lutte. C'était un cadavre qu'on ne pouvait revivifier. Elle serait complètement anéantie.

Aujourd'hui la déclaration de neutralité sera publiée officiellement.

M. de Kleist annonce que Sa Majesté le Roi aurait manifesté les meilleures intentions, mais déclaré qu'il ne pouvait agir contre son Ministère. La faute capitale de l'Autriche était de ne pas avoir offert à temps des compensations (5).

Le marquis de San Giuliano a répondu à l'ambassadeur d'Autriche au sujet de sa communication relative à l'article 7

---

(1) D'après le déchiffrement.

(2) Remis à Rome 2 h. après-midi, parvenu au Ministère des Affaires Étrangères 3 h. 20 après-midi. Timbre d'enregistrement à l'entrée : 3 août après-midi. Déchiffrement envoyé le 3 août à l'Empereur.

(3) Voir n°° 664 et 694.

(4) Voir n°° 614, 748 et 840.

(5) Cf. aussi n° 771.

que la déclaration sous condition de l'Autriche sur l'article 7 était insuffisante, et ne contenait notamment pas d'offre de compensations (6). De Kleist adresse un rapport à ce sujet. Les rapports de l'ambassadeur d'Autriche, avec lequel je marche de concert, avec le marquis de San Giuliano sont d'ailleurs déjà des plus tendus. A son avis, la situation intérieure, l'Angleterre et la question des compensations sont les motifs déterminants des résolutions d'ici.

L'agence Stefani et plusieurs journaux sont prêts à faire circuler les nouvelles de la guerre. J'ai aussi affirmé dans la presse que le Gouvernement impérial estimait que l'attitude de la Russie et de la France créait le *casus fœderis* pour l'Italie.

Flotow.

---

(6) Voir n° 594.

N° 746

Le Ministre d'Etat du Luxembourg et Président du Gouvernement au Secrétaire d'Etat des Affaires Etrangères (1).

Télégramme (sans numéro).

Luxembourg, le 3 août 1914 (2).

J'apprends qu'un agent allemand a annoncé d'ici que le samedi premier août, environ 650 cyclistes français auraient traversé le territoire du Luxembourg. D'après un rapport de gendarmerie, il n'y a pas dans cette nouvelle un mot de vrai.

Eyschen.

---

(1) D'après la copie de l'Office central télégraphique. Télégramme en clair.

(2) Remis à Luxembourg 12 h. 20 après midi, reçu à l'Office central télégraphique de Berlin 2 h. 35 après-midi. Soumis à 3 h. 37 après-midi au Secrétaire d'Etat. Timbre d'enregistrement à l'entrée : 3 août après-midi. La copie a été soumise à l'Empereur et est revenue le 3 août au Ministère. Communiqué le 3 août à l'Etat-Major général, au Ministère de la Guerre, à l'Etat-Major de la Marine et au Ministère de la Marine.

N° 747
Le Secrétaire d'Etat des Affaires Etrangères
à l'Ambassadeur à Londres (1).

Télégramme 220.

Berlin, le 3 août 1914 (2).

Les nouvelles des journaux sont fausses (3).

JAGOW.

(1) D'après la minute de la main de Jagow.
(2) 3 h. 45 après-midi à l'Office central télégraphique.
(3) Voir n° 732.

N° 748
L'Ambassadeur à Rome
au Ministère des Affaires Etrangères (1).

Télégramme 171.

Rome, le 3 août 1914 (2).

De tous côtés on m'informe que le motif déterminant de la neutralité de l'Italie doit être attribué à la crainte de troubles intérieurs en cas de participation à la guerre. Le marquis de San Giuliano, me l'a donné à entendre, bien qu'avec répugnance (3). Les rapports des consuls généraux se prononcent aussi dans ce sens (4).

Après que l'ambassadeur d'Autriche et moi nous nous sommes prononcés de la façon la plus énergique et en faisant valoir tous les arguments en faveur d'une participation, je ne me promets pas, pour l'instant, de résultats avec le Conseil des Ministres. Par contre, quelques articles sensationnels de journaux inspirés par le Gouvernement, comme le « Popolo Romano », le « Giornale d'Italia », etc..., qui critiquent l'attitude du Gouvernement et la neutralité, me font

(1) D'après le déchiffrement.
(2) Remis à Rome 11 h. 40 matin, parvenu au Ministère des Affaires Etrangères 3 h. 45 après-midi. Timbre d'enregistrement à l'entrée : 3 août après-midi. Le déchiffrement a été envoyé à l'Empereur le 3 août.
(3) Cf. n°° 614, 745 et 840.
(4) Annotation marginale du Chancelier de l'Empire le 3 août : « Exact ».

croire ainsi qu'au baron de Merey, que le marquis de San Giuliano a le dessein de se faire contraindre par l'opinion publique à entrer plus tard en ligne en notre faveur. Cette supposition semble en harmonie avec sa première déclaration, d'après laquelle 1° « il espérait peut-être plus tard pouvoir faire des démarches en notre faveur », 2° « il continuerait à influencer la presse dans un sens favorable à la coopération avec nous ».

Dans ces conditions, je crois préférable d'éviter ici une rupture ouverte, et, à défaut d'autres instructions, je réglerai là-dessus mon attitude qui était devenue très raide.

Il y a lieu aussi de tenir compte du fait que, d'après des allusions du marquis de San Giuliano, il ne serait pas tout à fait impossible que l'Italie se tournât contre l'Autriche.

FLOTOW.

N° 749

**Note du Bureau du Chiffre
du Ministère des Affaires Etrangères.**

Berlin, le 3 août 1914.

Dans le télégramme n° 245 de Paris — 3 h. 45 après-midi — plusieurs groupes semblent avoir été brouillés à dessein. La répétition que nous avons demandée à l'Office télégraphique concorde absolument avec l'ancien télégramme. Nous nous sommes, en conséquence, abstenus de polycopier le télégramme.

N° 750

**Le Secrétaire d'État des Affaires Etrangères
à l'Ambassadeur à Vienne (1).**

Télégramme 229.

Urgent.   Berlin, le 3 août 1914 (2).

Je vous prie d'inviter *instamment* le Gouvernement austro-hongrois, à cause des mouvements de nos navires

---

(1) D'après la minute. Projet de la main de Rosenberg.
(2) 3 h. 50 après-midi à l'Office central télégraphique.

dans la Méditerranée, à tenir provisoirement secret le traité d'alliance conclu hier avec la Porte (3).

JAGOW.

(3) Voir n°s 720 et 733.

N° 751

Le Secrétaire d'État des Affaires Étrangères à l'Ambassadeur à Constantinople (1).

Télégramme 305.

Urgent. Berlin, le 3 août 1914 (2-3).

Secret.

Je vous prie de demander au Gouvernement ottoman, à cause des mouvements de nos navires dans la Méditerranée, de tenir provisoirement secret le traité d'alliance. Comme il faut compter sur une attaque de l'Angleterre contre nous, je vous prie de faire le nécessaire pour que la mission navale anglaise ne puisse pas abuser de la flotte turque, et de transmettre un mot d'ordre musulman dans les colonies anglaises, particulièrement dans l'Inde. La révolution dans le Caucase serait à désirer (3).

JAGOW.

(1) D'après la minute. Projet de la main de Rosenberg.
(2) 3 h. 55 après-midi à l'Office central télégraphique.
(3) Voir n°s 726, 733 et 750

N° 752

Note du comte Mirbach, Conseiller référendaire au Ministère des Affaires Étrangères (1).

Berlin, le 3 août 1914 (2).

Le Grand État-Major général téléphone que ce matin à 10 h. 50, des aviateurs français ont été signalés dans la direction de Mulhouse-Ile Napoléon, et que plus tard ils ont repris leur vol dans la direction de la France.

MIRBACH.

(1) D'après la minute de la main de Mirbach.
(2) Timbre d'enregistrement à l'entrée du Ministère des Affaires Étrangères : 3 août.

N° 753

Note du comte B. Wedel, Conseiller référendaire au Ministère des Affaires Etrangères (1).

Berlin, le 3 août 1914 (2).

Le télégramme de Lichnowsky (3) au sujet de prétendues violations de frontière par les troupes allemandes a été communiqué aux quatre départements (4). L'Etat-Major général n'avait reçu encore aucune nouvelle, a promis une enquête et des informations, mais a fait savoir maintenant qu'il était positif qu'il n'y avait pas eu de violation de frontière de notre part. Le démenti part pour Londres. L'Etat-Major général ajoute qu'il donne maintenant l'ordre de franchir la frontière.

WEDEL.

(1) D'après la copie de la main de B. Wedel.
(2) Le timbre d'enregistrement à l'entrée du Ministère des Affaires Etrangères manque.
(3) Voir n° 731.
(4) C'est-à-dire à l'Etat-Major général, au Ministère de la Guerre, à l'Etat-Major de la Marine et au Ministère de la Marine.

N° 754

L'Ambassadeur d'Italie au Secrétaire d'Etat des Affaires Etrangères (1).

Berlin, le 3 août 1914 (2).

Monsieur le Secrétaire d'Etat,

J'ai l'honneur de transmettre ci-joint à Votre Excellence un télégramme que Sa Majesté le Roi d'Italie, mon Auguste Souverain, adresse à Sa Majesté l'Empereur d'Allemagne,

(1) D'après l'expédition.
(2) Timbre d'enregistrement à l'entrée du Ministère : 3 août après-midi. Soumis à l'Empereur et retourné par lui au Ministère le 3 août. Porté à la connaissance de l'Etat-Major général le 3 août, retourné par lui le même jour au Ministère.

Roi de Prusse (3). Je Vous serais très obligé de vouloir bien
le faire parvenir à Sa Très Haute Destination.

Veuillez agréer, Monsieur le Secrétaire d'Etat, les assurances de ma très haute considération (4).

R. Bollati.

------

(3) Voir n° 755.
(4) Reproduction littérale de l'original en français (Note du Traducteur).

N° 755
Le Roi d'Italie à l'Empereur (1).

Télégramme (sans numéro).

A Sa Majesté l'Empereur d'Allemagne.

Je viens de recevoir Ton télégramme (2). Je regrette profondément que Tes nobles efforts, auxquels se sont joints aussi les nôtres pour éviter les graves conséquences internationales de l'initiative de l'Autriche-Hongrie, aient échoué. Mon Gouvernement a *fait connaître dès le début* au Tien et au Gouvernement d'Autriche-Hongrie (3) que, ne se *vérifiant pas actuellement* le « casus foederis » prévu par le traité de la Triple Alliance, il mettra toute son activité diplomatique pour soutenir

Mensonge

------

(1) D'après une copie établie à l'ambassade d'Italie. Transmis avec la lettre d'envoi (n° 754).
(2) Voir n° 530.
(3) En marge : ? de l'Empereur ; « début » souligné deux fois par l'Empereur.

les intérêts légitimes de nos alliés et les nôtres et pour travailler à la cause de la paix.

Je T'envoie l'expression sincère de mes vœux les plus cordiaux pour Ton bien et le bien de l'Allemagne.

Ton frère et Ton *Allié* (4-5). *Gredin!* G. *Impudence!*

Signé : VITTORIO EMMANUELE.

----

(4) « Allié » souligné deux fois par l'Empereur, après, deux points d'exclamation de l'Empereur.

(5) Reproduction littérale de l'original en français. (Note du Traducteur).

N° 756
L'Ambassadeur d'Italie
au Secrétaire d'Etat des Affaires Etrangères (1).

Berlin, le 3 août 1914 (2).

Mon cher Secrétaire d'Etat,

Je le crois, il ne veut pas remettre une trahison pareille. *Très souffrant*, je suis dans l'impossibilité de venir aujourd'hui au Département. Votre Ambassadeur à Rome Vous aura sans doute déjà télégraphié ce qui lui a été déclaré hier par notre Ministre des Affaires Etrangères : que le Gouvernement Italien entend — au moins pour le moment — rester neutre (3) dans le conflit actuel, attendu que le « casus fœderis », qui l'oblige à coopérer avec ses

----

(1) D'après l'expédition.

(2) Timbre d'enregistrement à l'entrée du Ministère des Affaires Etrangères : 3 août après-midi ; soumis à l'Empereur, retourné par lui, par l'entremise de l'Etat-Major général, au Ministère le 4 août.

(3) Voir n° 675.

alliés, ne s'est pas vérifié. Je vous adresse
ci-joint la déclaration officielle de neutralité (4).

Veuillez agréer, mon cher Secrétaire
d'Etat, l'assurance de mes sentiments
cordialement dévoués (5).

R. Bollati.

(4) Voir n° 757.
(5) Reproduction littérale de l'original en français (Note du Traducteur).

N° 757

L'Ambassadeur d'Italie
au Secrétaire d'Etat des Affaires Etrangères (1).

Berlin, le 3 août 1914 (2).

Monsieur le Secrétaire d'Etat,

D'ordre de mon Gouvernement, j'ai l'honneur de porter à
la connaissance de Votre Excellence que le Gouvernement
Italien a décidé de garder la neutralité dans le conflit actuel.

Veuillez agréer, Monsieur le Secrétaire d'Etat, les assurances de ma très haute considération (3).

R. Bollati.

(1) et (2) comme au n° 756.
(3) Reproduction littérale de l'original en français (Note du Traducteur).

N° 758

Le Ministre de Prusse à Munich
au Ministre des Affaires Etrangères
(Chancelier de l'Empire) (1).

Munich, le 2 août 1914 (2).

L'information militaire répandue ici par le Süddeutschen
Korrespondenzbureau, d'après laquelle des aviateurs *fran-*

(1) D'après l'expédition.
(2) Timbre d'enregistrement à l'entrée des Affaires Etrangères : 3 août
après-midi.

çais auraient jeté des bombes dans les environs de Nuremberg n'a reçu jusqu'ici aucune confirmation. On n'a vu que des avions inconnus qui ne ressemblaient pas à des appareils militaires. Le lancement de bombes n'est pas établi, et encore moins naturellement la nationalité française des aviateurs (3).

TREUTLER.

(3) Cf. n°⁵ 664 et 734.

N° 759

**L'Ambassade d'Autriche-Hongrie
au Ministère des Affaires Etrangères (1).**

Berlin, le 3 août 1914 (2).

M. de Mérey télégraphie de Rome le 1ᵉʳ août 1914 :

Dans le Conseil des Ministres d'aujourd'hui il y a tendance à rester neutre dans le conflit européen. L'Italie n'aurait ni obligation ni intérêt à participer à la guerre. La Triple Alliance était une alliance défensive, mais nous aurions provoqué la guerre sans nous entendre au préalable avec l'Italie.

Le marquis de San Giuliano, qui m'a fait cette communication, s'est plaint aussi de notre politique de « chicanes » en Albanie, et a déclaré en terminant qu'aucune résolution formelle n'avait été prise, et que l'Italie pourrait peut-être prendre part à la guerre à un moment plus éloigné... (3) et à cette occasion, le mot de compensations a encore été prononcé.

(1) D'après l'expédition. Sans signature.
(2) Remis au Ministère des Affaires Etrangères par le baron Haymerle le 3 août. Timbre d'enregistrement à l'entrée : 3 août.
(3) Trois points dans l'expédition.

Nº 760
L'Ambassade d'Autriche-Hongrie
au Ministère des Affaires Étrangères (1).

Berlin, le 3 août 1914 (2).

Dans un télégramme au comte Berchtold daté du 1ᵉʳ de ce mois, l'ambassadeur impérial et royal à Rome a dit, entre autres choses, ce qui suit :

« On pourrait peut-être songer à ce que l'Autriche-Hongrie et l'Allemagne déclarent à l'Italie, qu'au cas où l'Italie resterait neutre et ne remplirait pas loyalement ses obligations d'alliance jusqu'au dernier homme, nous considérerions l'Italie comme sortie de la Triple Alliance, et nous-mêmes comme libérés de nos obligations d'alliance. Bien que dans le cas de la neutralité de l'Italie, je sois disposé à recommander son éviction de la Triple Alliance à la *fin de la guerre*, je me demande si cette menace, en ce moment, ne comporterait pas le risque de voir passer immédiatement l'Italie dans le camp des adversaires » (3).

----

(1) D'après l'expédition. Sans signature.

(2) Timbre d'enregistrement à l'entrée du Ministère des Affaires Etrangères : 3 août après-midi.

(3) Ici les annotations suivantes de Bergen et de Zimmermann : « L'ambassade d'Autriche-Hongrie demande une réponse... Peut-elle être donnée dans le sens qu'une pareille menace ne nous paraît actuellement *pas* (le dernier mot souligné deux fois) opportune ? B. 3. 8. » A quoi Zimmermann répond : « Certainement oui. Z. 3. 8. » Ensuite Bergen : « A fait aujourd'hui l'objet d'une communication verbale. B. 4. 8. »

Nº 761
L'Ambassade d'Autriche-Hongrie
au Secrétaire d'Etat des Affaires Etrangères.

Berlin, le 3 août 1914 (1).

Note.

D'après un télégramme du ministre impérial et royal à

----

(1) D'après l'expédition. Sans signature. Timbre d'enregistrement à l'entrée du Ministère des Affaires Etrangères : 3 août après-midi. Communiqué

Bucarest du 1er août, M. Bratiano vient de déclarer de façon solennelle que la neutralité de la Roumanie était absolument sûre. Mais la Roumanie marcherait, si c'était possible, avec deux corps d'armée contre la Russie. Si la Russie violait la neutralité, la Roumanie lui déclarerait immédiatement la guerre.

Néanmoins, le comte Czernin paraît manifestement douter d'une intervention active de la Roumanie en notre faveur.

le 3 août à l'Etat-major général, au Ministère de la Guerre, à l'Etat-Major de la Marine et au Ministère de la Marine.

N° 762

Le Sous-Secrétaire d'Etat des Affaires Etrangères au Ministre à Belgrade (en ce moment à Nisch) (1).

Télégramme 37.

Berlin, le 3 août 1914 (2).

Nous désirons avoir des renseignements sur les mesures militaires serbes, les mouvements de troupes, etc... Je vous prie de les envoyer directement ou par l'entremise de la légation d'Athènes qui a le même chiffre que vous (3).

ZIMMERMANN.

(1) D'après la minute. Projet de la main de Bergen.
(2) 4 h. 5 après-midi à l'Office central télégraphique.
(3) Voir n° 763.

N° 763

Le Sous-Secrétaire d'Etat des Affaires Etrangères au Chargé d'affaires à Athènes (1).

Télégramme 109.

Berlin, le 3 août 1914 (2).

Le baron de Griesinger a été autorisé à faire passer par

(1) D'après la minute. Projet de la main de Bergen.
(2) 4 h. 5 après-midi à l'Office central télégraphique. Le passage « Je vous prie... et de la Russie » a été en même temps télégraphié au chargé d'affaires à Bucarest par Zimmermann.

votre légation des informations destinées au Ministère des Affaires Etrangères (3).

Je vous prie de me télégraphier les nouvelles — même de presse — qui seraient connues sur les mesures militaires, les mouvements de flottes et de troupes de l'Angleterre, de la France et de la Russie.

ZIMMERMANN.

(3) Voir n° 762.

N° 764
L'Ambassadeur à Londres
au Ministère des Affaires Etrangères (1).

Télégramme 234.

Londres, le 3 août 1914 (2).

Je viens de faire à Sir E. Grey la communication prescrite (3). Le Ministre semblait très mécontent, et a insisté sur le point que l'Angleterre ne pouvait pas accepter aussi tranquillement une violation de la neutralité belge qu'elle avait expressément garantie. En ce qui concernait la concentration des troupes françaises sur la frontière belge, la France avait déclaré qu'elles ne franchiraient la frontière belge que si leur assistance était réclamée.

Le Ministre m'a dit qu'il se proposait de faire cet après-midi une déclaration dans laquelle il exposerait les conditions de sa neu-

(1) D'après le déchiffrement.

(2) Remis à Londres 1 h. 2 après-midi, parvenu au Ministère des Affaires Etrangères 4 h. 33 après-midi. Timbre d'enregistrement à l'entrée : 3 août après-midi. Soumis au Chancelier de l'Empire 9 h. soir (Voir n° 790). Déchiffrement transmis le 3 août à l'Empereur qui, par une annotation marginale, en a ordonné la communication au chef de l'Etat-Major général. Envoyé par ce dernier le 3 août à l'Etat-Major général ; retourné par celui-ci le 7 août au Ministère. Communiqué le 3 août 11 h. 35 soir à l'Etat-Major général, au Ministère de la Guerre, à l'Etat-Major de la Marine et au Ministère de la Marine.

(3) Voir n° 667.

tralité. Il parla d'une « conditional rupture ».

Je l'ai prié instamment de ne pas mentionner la neutralité belge comme une condition *sine qua non*, parce que cela pourrait entraîner de graves conséquences. Il ne m'a donné aucune assurance, mais j'ai l'impression très nette que si c'était possible il désirait (4) continuer à rester neutre. Je m'engageai envers lui par les déclarations suivantes :

Il ne s'agit pas de désirer et de pouvoir. Il s'agit d'une volonté honnête ! Elle fait défaut !

1. Que même dans le cas de conflit avec la Belgique, nous maintiendrions l'intégrité du territoire belge ;

2. Que dans le cas de la neutralité anglaise, notre flotte n'approcherait pas de la Manche ni des côtes du nord de la France.

J'ai fait cette dernière déclaration après m'être entretenu avec notre attaché naval. J'espère toujours qu'il sera possible d'aboutir sur cette base à une entente, parce qu'on se rend compte ici qu'un conflit armé avec nous ne serait avantageux ni pour la France, ni pour la Belgique. Pourra-t-on l'éviter ? Cela dépend en grande partie de l'attitude du Cabinet ainsi que de l'opinion publique de ce pays qui peut être soulevée par notre intervention en Belgique.

Je répète qu'on désirerait encore aujourd'hui rester neutre et qu'on compte pour cela sur notre appui.

Sir *W. Tyrrell* m'a donné à *entendre* que, d'après les télégrammes de *M. de Bunsen*, en Autriche on aurait l'opinion que, comme *nous avons été les agresseurs*, le texte du traité de la Triple Alliance *n'obligeait pas l'Autriche à coopérer avec nous* (5).

Le fils d'une Allemagne qui ment ainsi. Un Allemand qui écrit de pareils mensonges ! Mensonge absolu !

LICHNOWSKY.

---

(4) « désirait » souligné deux fois par l'Empereur.

(5) En marge, à gauche : trois points d'exclamation de l'Empereur.

N° 765
Le Roi des Belges à l'Empereur (1).

Bruxelles, le 1" août 1914 (2).

Sire et cher Cousin,

La guerre qui menace d'éclater entre les deux puissances voisines, me donne, ainsi que Tu le comprendras aisément, de graves préoccupations.

Depuis plus de 80 ans que la Belgique est indépendante, notre pays a observé consciencieusement ses obligations internationales, plusieurs fois dans les circonstances les plus difficiles, et le Chancelier de l'Empire a rendu une éclatante justice à son attitude correcte et impartiale en l'année 1870.

Votre Majesté et Son Gouvernement nous ont donné à diverses reprises des preuves précieuses d'amitié et de sympathie, et des personnes très autorisées nous ont donné l'assurance, qu'en cas d'un nouveau conflit, on respecterait la neutralité de la Belgique.

Nous avons parfaitement compris les objections politiques qui s'opposaient à la publication de cette déclaration, mais nous ne doutons pas que les sentiments et les intentions du puissant Empire, dont Votre Majesté dirige les destinées, n'aient éprouvé à notre égard aucune modification.

Les rapports de parenté et d'amitié qui unissent étroitement nos deux familles m'ont déterminé à T'écrire et à Te prier, à cette heure si grave, de vouloir bien me renouveler l'expression de ces sentiments envers mon pays.

---

(1) D'après l'expédition écrite de la propre main du Roi des Belges. Timbre d'enregistrement à l'entrée du Ministère des Affaires Etrangères 3 août. Envoyé par celui-ci à l'Empereur.

(2) Sur la lettre note de l'Empereur « 3. VIII. 14. 5 h. après-midi. G. » et son annotation marginale : « me soumettre *immédiatement* une réponse télégraphique G. » Sur l'enveloppe de la lettre du Roi des Belges la note impériale : « *Urgent*. Pour S. Exc. le Chancelier de l'Empire ». Egalement sur l'enveloppe, une note de la main du Chancelier : « reçu 6 h. 24 ». Renvoyé le 3 août par l'aide de camp de service de Matius au chef de l'Etat-Major général, et par celui-ci au Ministère des Affaires Etrangères.

Je Te serai cordialement reconnaissant d'une pareille bienveillance.

Avec cette confiance, je reste

Ton fidèle et dévoué cousin,
ALBERT (3).

------

(3) Voir n°s 778 et 783.

N° 766

L'Empereur à l'Empereur d'Autriche (1).

Télégramme (sans numéro).

Berlin, le 2 août 1914 (2).

Je Te remercie sincèrement, mon cher Ami, des mots que
Tu me transmets par le comte Szögyény et qui m'ont été au
cœur (3). Je sais que nos armées, dans la lutte qui nous a été
imposée, feront de leur mieux, et je joins mes prières aux
Tiennes pour que Dieu nous assiste. En même temps qu'à
Toi (4) j'ai (5) télégraphié au Roi d'Italie. Mais il a odieuse-
ment trompé notre confiance, et n'a pas rempli ses obligations
d'alliance (6).

GUILLAUME.

------

(1) D'après la minute. Projet de la main de Rosenberg, paraphé en
outre par Stumm, Zimmermann et le Chancelier. L'expédition de la minute,
avec le rapport immédiat de Jagow rédigé par Rosenberg, a été transmise
le 2 août 2 h. 30 après-midi, par messager à l'Empereur qui, sur le rapport
immédiat a noté: « 3.VIII.14. G. » et sur la minute a ajouté la dernière phrase.
  (2) Décision marginale de l'Empereur sur l'expédition de la minute :
« Après avoir transmis le télégramme le retourner au Ministère des Affaires
Etrangères. G. » Le télégramme, a été remis du Château à l'Office télégraphique le 3 août 5 h. 10 après-midi. L'expédition de la minute et le rapport
immédiat ont été retournés le 3 août au Ministère des Affaires Etrangères.
  (3) Voir n° 601.
  (4) Sic dans la minute.
  (5) Voir n° 530.
  (6) « Mais il a... ses obligations d'alliance » a été ajouté par l'Empereur.
Voir n° 755.

N° 767
L'Ambassadeur à Constantinople
au Ministère des Affaires Étrangères (1).

Télégramme 415.

Therapia, le 3 août 1914 (2).

De la mission militaire.

Informations des consuls turcs du 30 juillet :

Kars. En cas de guerre dans le Caucase, *d'après les résolutions des chefs de partis, il y aura une révolution générale.* Aucun symptôme d'une attaque russe contre nous.

Bakou : Depuis un mois, forte grève. Les musulmans sont très satisfaits de la perspective d'une guerre mondiale.

Sébastopol : aucune mutinerie dans la flotte de la Mer Noire qui est mobilisée.

Tiflis : La Russie ne *se propose pas d'ouvrir les hostilités contre la Turquie.*

Odessa, 31 juillet : Les troupes de Kiew et de Bessarabie marchent vers la Wolhynie sur la frontière autrichienne. La ligne Kiew-Schmerinka a été envisagée comme base d'opérations. L'attaché militaire à Pétersbourg considéré comme digne de confiance, a annoncé ces jours derniers à plusieurs reprises, que les troupes russes ne seraient *pas prêtes et pas capables* de prendre l'offensive.

WANGENHEIM.

La Suède a annoncé qu'elle a éclaté.

---

(1) D'après le déchiffrement.

(2) Remis à Therapia 3 h. 10 après-midi, parvenu au Ministère des Affaires Étrangères 5 h. 12 après-midi. Timbre d'enregistrement à l'entrée : 3 août après-midi. Le déchiffrement a été soumis à l'Empereur et retourné par lui au Ministère le 3 août. Communiqué le 3 août à l'État-Major général, au Ministère de la Guerre, à l'État-Major de la Marine et au Ministère de la Marine.

N° 768
Le Président du Gouvernement de Dusseldorf
au Chancelier de l'Empire (1).

Télégramme (sans numéro).

Dusseldorf, le 3 août 1914 (2).

Le conseiller provincial de Geldern a télégraphié hier (3) : le bataillon en garnison ici annonce que ce matin 80 officiers français en uniforme prussien, avec 12 automobiles, ont cherché en vain à franchir la frontière ici à Walbeck. Sur ma demande, le conseiller provincial m'informe en outre de ce qui suit. L'adjudant-major de ce bataillon annonce, postérieurement, que la nouvelle relative aux 80 officiers français est au fond confirmée, mais que les automobiles sont restées sur le territoire hollandais. Un officier qui précédait les autres, s'est replié devant la résistance armée. Le conseiller provincial annonce en outre que cette nuit, à 2 heures du matin, il a reçu du commandement général du 7me corps d'armée les instructions suivantes : Un grand transport d'argent doit, d'après des nouvelles sûres, être envoyé en Russie, à travers l'Allemagne, en passant par la frontière hollandaise. Empêcher ce transport à tout prix. Une grande attention s'impose. Depuis hier midi tous les passages de la frontière dans l'arrondissement de Geldern sont barrés par des abattis d'arbres, des postes de douaniers ou des postes militaires. D'après des informations des autorités douanières, aucun transport d'argent n'a été effectué par l'arrondissement de Geldern.

Le Président du Gouvernement.

---

(1) D'après la copie de l'Office central télégraphique. Télégramme en clair.

(2 Remis à Dusseldorf 4 h. 45 après midi, reçu à Berlin à l'Office central télégraphique 5 h. 15 après-midi. Timbre d'enregistrement à l'entrée : 3 août après-midi. Un télégramme, conçu dans les mêmes termes, du Président du Gouvernement de Dusseldorf, a été envoyé au Ministère de l'Intérieur et transmis par lui le 3 août après-midi au Ministère des Affaires Étrangères.

(3) Voir n°ˢ 670 et 677.

N° 769

L'Ambassadeur à Londres
au Ministère des Affaires Etrangères (1).

Télégramme 237.

Londres, le 3 août 1914 (2).

Des bruits se répandent ici relativement à de prétendues rencontres entre navires de guerre anglais et allemands dans la mer du Nord. Je vous prie de démentir immédiatement ces bruits, et de recommander avant tout, à la marine, la plus grande prudence pour qu'il ne se produise pas d'incidents (3).

LICHNOWSKY.

(1) D'après le déchiffrement.
(2) Remis à Londres 2 h. 12 après-midi, parvenu au Ministère des Affaires Etrangères 5 h. 33 après-midi. Timbre d'enregistrement à l'entrée : 3 août après-midi. Communiqué le 3 août à l'Etat-Major général, au Ministère de la Guerre, à l'Etat-Major de la Marine et au Ministère de la Marine. Note marginale de Riezler du 3 août : « Démenti par Reuter ».
(3) Voir n° 777.

N° 770

L'Ambassadeur à Londres
au Ministère des Affaires Etrangères (1).

Télégramme 238.

Londres, le 3 août 1914 (2).

Par des milieux financiers bien informés, j'apprends que le Roi des Belges s'est adressé ici pour demander conseil.

LICHNOWSKY.

(1) D'après le déchiffrement.
(2) Remis à Londres 3 h. 36 après-midi, parvenu au Ministère des Affaires Etrangères 6 h. 28 après-midi. Le déchiffrement a été soumis à l'Empereur et retourné le 3 août au Ministère.

N° 774

L'Ambassadeur à Rome
au Ministère des Affaires Étrangères (1).

Télégramme 287.

Rome, le 3 août 1914 (2).

M. de Kleist envoie le télégramme suivant pour Sa Majesté :

« A Sa Majesté l'Empereur,

Château, Berlin.

Aujourd'hui, lundi, à neuf heures du matin, j'ai remis au Roi d'Italie la demande de Votre Majesté réclamant la mobilisation immédiate de l'armée et de la flotte, ainsi que l'assistance convenue par le traité.

Le Roi m'a répondu que personnellement il était de tout cœur avec nous, et que, quelques semaines auparavant, il ne doutait pas, qu'en cas de guerre, l'Italie prêterait fidèlement son concours aux alliés. Les maladresses incroyables de l'Autriche froissant les susceptibilités du peuple italien, ont, dans ces derniers temps, tellement irrité l'opinion publique contre elle, que maintenant une coopération active avec elle déchaînerait une tempête. Le Ministère ne voulait pas risquer une insurrection. Lui, le Roi, malheureusement n'avait pas de pouvoir, il ne possédait que de l'influence. S'il congédiait le Ministère actuel, aucun autre Ministère n'accepterait la responsabilité de la situation. Tout cela parce que, jusqu'ici, l'Autriche ne s'était trouvée disposée à faire *aucune*

---

(1) D'après le déchiffrement.

(2) Remis à Rome 3 h. 50 après-midi, parvenu au Ministère des Affaires Étrangères 6 h. 28 après-midi. Timbre d'enregistrement à l'entrée : 3 août après-midi. Déchiffrement envoyé le 3 août à l'Empereur et communiqué à l'Etat-Major général, au Ministère de la Guerre, à l'Etat-Major de la Marine et au Ministère de la Marine. Ce télégramme a été communiqué le 4 août par Jagow à l'ambassadeur à Vienne à titre strictement confidentiel par le télégramme 232, en le faisant précéder de la phrase : « L'aide de camp de Kleist envoyé par Sa Majesté au Roi d'Italie, annonce de Rome le 3. 8. » ; à l'Office central télégraphique 4 août 3 h. 15 matin.

promesse *nette* pour l'avenir (3), promesse qui aurait pu peut-être provoquer un revirement dans l'opinion publique. Cela est-il encore possible ? C'est fort douteux.

Comme le public ne fait pas de différence, en présence des maladresses de l'Autriche, il abandonne malheureusement aussi l'Allemagne, ce dont lui, le Roi, est très peiné. Il tâchera encore d'exercer son influence sur le Ministère et me rendra compte du résultat.

Kleist. »

M. de Kleist prie d'envoyer une copie au chef de l'Etat-Major général.

Flotow.

---

(3) Voir n° 745.

N° 772

**L'Ambassadeur à Vienne
au Ministère des Affaires Étrangères (1).**

Télégramme 162.

Vienne, le 3 août 1914 (2).

Ainsi que le sait Votre Excellence, on n'a retardé jusqu'ici la déclaration de guerre à la Russie que pour ne pas être dérangé le plus longtemps possible dans la marche en Galicie.

On désirerait ici éviter d'assumer, par une déclaration de guerre spontanée à la Russie, l'odieux de l'agression, et on se demande si l'Autriche ne pourrait pas invoquer comme motif de guerre l'attaque de la Russie contre l'Allemagne, comme une conséquence directe du traité d'alliance.

---

(1) D'après le déchiffrement.

(2) Remis à Vienne 5 h. 30 après-midi, parvenu au Ministère des Affaires Étrangères 7 h. 17 soir. Timbre d'enregistrement à l'entrée : 3 août après-midi. Le déchiffrement a été soumis à l'Empereur et retourné par lui au Ministère le 4 août. Communiqué à l'Etat-Major général, au Ministère de la Guerre, à l'Etat-Major de la Marine et au Ministère de la Marine.

Comme la déclaration de guerre ne
pourrait encore être retardée que de quelques jours, on vous serait reconnaissant de
vouloir bien faire part de votre opinion sur
la question de la déclaration de guerre (3).

Tschirschky.

(3) Annotation marginale de Zimmermann du 4 août : « Le conseiller
d'ambassade d'Autriche-Hongrie m'annonce que son Gouvernement déclarera probablement demain la guerre à Saint-Pétersbourg. Comme motif de
la déclaration de guerre, l'idée (.....) serait utilisée. La longue hésitation
s'explique par le désir de se mettre à l'abri d'une surprise de la Russie en
massant préalablement beaucoup de troupes à la frontière. » La parenthèse
a trait aux mots entre parenthèses dans le texte du déchiffrement de
Zimmermann : « invoquer comme motif de guerre... du traité d'alliance »
(Voir n° 814).

N° 773

Communication officielle
publiée par le Bureau télégraphique Wolff (1).

Berlin, le 3 août 1914 (2).

Jusqu'ici les troupes allemandes s'étaient, conformément
aux ordres reçus, abstenues de franchir la frontière française.
Par contre, depuis hier, les troupes françaises attaquent,
sans déclaration de guerre, nos postes frontières. Bien que
le Gouvernement français nous ait, il y a peu de jours encore,
promis de ne pas occuper une zone de dix kilomètres, elles
ont franchi la frontière allemande sur divers points. Des
compagnies françaises occupent depuis hier soir des localités
allemandes. Des aviateurs lanceurs de bombes viennent
depuis hier dans le Grand Duché de Bade et en Bavière, et
violant la neutralité belge survolent le territoire de la province rhénane, et essaient de détruire nos voies ferrées.

La France a, par suite, commencé l'agression contre nous

(1) D'après une copie non paraphée avec des modifications et des additions de Wahnschaffe et du Chancelier de l'Empire.

(2) Timbre d'enregistrement à l'entrée du Ministère des Affaires Étrangères : 3 août après-midi.

et créé l'état de guerre. La sécurité de l'Empire nous oblige à la résistance. Sa Majesté l'Empereur a donné les ordres nécessaires.

L'ambassadeur d'Allemagne à Paris a reçu pour instructions de réclamer ses passeports (3).

____

(3) Voir n°⁵ 734 et 734 c.

N° 774

Le Secrétaire d'Etat des Affaires Etrangères à l'Ambassadeur à Rome (1).

Télégramme 170.

Berlin, le 3 août 1914 (2).

Wolff publie ce soir ce qui suit :

« Jusqu'ici.. de réclamer ses passeports » (3).

JAGOW.

____

(1) D'après la minute de la main de Jagow.
(2) 7 h. 25 soir à l'Office central télégraphique.
(3) Ici est inséré le communiqué officiel (n° 773) publié par le Bureau télégraphique Wolff.

N° 775

Le Secrétaire d'Etat de la Marine au Secrétaire d'Etat des Affaires Etrangères (1).

Berlin, le 3 août 1914 (2-3).

Je vous prie de communiquer le plus tôt possible ce qui suit à l'ambassadeur à Constantinople :

« Sur la communication officielle du traité d'alliance le

____

(1) D'après l'expédition.
(2) Timbre d'enregistrement à l'entrée du Ministère des Affaires Etrangères : 3 août après-midi. Le passage « Sur la communication officielle du traité... personnel de direction allemand » a été communiqué télégraphiquement le 3 août par Jagow à l'ambassadeur à Constantinople, 7 h. 30 soir à l'Office central télégraphique.
(3) Voir n°⁵ 712, 726 et 733.

« Göben » et le « Breslau » ont reçu l'ordre de se rendre
immédiatement à Constantinople. Je vous prie d'inviter
l'amiral Souchon à se tenir à la disposition du Gouvernement
pour prendre la direction de la flotte turque. Je vous prie de
me télégraphier si nous pouvons soutenir la flotte turque en
lui fournissant un personnel de direction allemand ».

v. TIRPITZ.

N° 776

**L'Ambassadeur à Paris
au Ministère des Affaires Étrangères (1).**

Télégramme (sans numéro).

Paris, le 3 août 1914.

Télégramme numéro cent quatre-vingt-douze (2) incompréhensible. Prière répéter.

Ambassadeur Allemand SCHŒN (3).

(1) D'après la réception au Bureau central télégraphique : expédié de Paris
3 h. 10 après-midi, parvenu au Ministère des Affaires Étrangères 7 h. 35
soir. Timbre d'enregistrement à l'entrée : 3 août. Là-dessus, note du
Bureau du Chiffre de 10 h. 40 soir : « L'Office central télégraphique a été
prié de transmettre de nouveau le télégramme 192 à Paris. »
(2) Voir n°s 716 et 809.
(3) Reproduction littérale de l'original en français (Note du Traducteur).

N° 777

**Le Secrétaire d'État des Affaires Étrangères
à l'Ambassadeur à Londres (1).**

Télégramme 221.

Berlin, le 3 août 1914 (2-3).

Démentir là-bas aussi immédiatement la nouvelle.

JAGOW.

(1) D'après la minute. Projet de la main de Stumm.
(2) 7 h. 45 soir à l'Office central télégraphique.
(3) Voir n° 769.

N° 778
Le Secrétaire d'Etat des Affaires Etrangères
à l'Empereur (1).

Berlin, le 3 août 1914 (2-3).

Je me permets de soumettre respectueusement à Votre Majesté le projet (4) de télégramme de réponse à Sa Majesté le Roi des Belges qu'Elle m'a ordonné de préparer.

Ainsi que je viens de le constater, il est douteux qu'un télégramme puisse encore parvenir à Bruxelles.

JAGOW.

---

(1) D'après l'expédition de la main de Jagow.
(2) Annotation marginale de l'Empereur sur l'expédition : « 7 h. 45 soir ». Revenu le 3 août au Ministère.
(3) Voir n° 765.
(4) Voir n° 783.

N° 779
Le Ministre à Bruxelles
au Ministère des Affaires Etrangères (1).

Télégramme 29.

Bruxelles, le 3 août 1914 (2).

« Bruxelles, le 3 août 1914 (3).

Par suite à sa note (4) du 2 août 1914. Le Gouvernement allemand a fait connaître que, d'après des nouvelles sûres, les forces françaises auraient l'intention de marcher sur la Meuse par Givet et Namur, et que la Belgique, malgré sa

---

(1) D'après le déchiffrement. Voir n° 735.
(2) Remis à Bruxelles 12 h. 35 après-midi. parvenu 7 h. 58 soir. Timbre d'enregistrement à l'entrée du Ministère des Affaires Etrangères : 3 août après-midi. Le déchiffrement a été soumis à l'Empereur, et est revenu au Ministère le 4 août. Communiqué à l'Etat-Major général, au Ministère de la Guerre, à l'Etat-Major de la Marine et au Ministère de la Marine.
(3) Voir aussi Livre Gris belge I n° 22.
(4) Le Livre Gris belge au lieu de « par suite à sa note » porte « par sa note du 2 août, le Gouvernement allemand. »

meilleure volonté, ne serait pas en état de repousser son (5) secours une marche en avant des troupes françaises.

Le Gouvernement allemand s'estimerait dans l'obligation de prévenir cette attaque et de violer le territoire belge. Dans ces conditions, l'Allemagne propose au Gouvernement du Roi de prendre vis-à-vis d'elle une attitude amicale et s'engage au moment de la paix à garantir l'intégrité du Royaume et de ses possessions dans toute leur étendue. La note ajoute que si la Belgique fait des difficultés à la marche en avant des troupes allemandes, l'Allemagne sera obligée de la considérer comme ennemie et de laisser le règlement ultérieur des deux Etats l'un vis-à-vis de l'autre à la décision des armes.

Cette note a provoqué chez le Gouvernement du Roi un profond et douloureux étonnement.

Les intentions qu'elle attribue à la France sont en contradiction avec les déclarations formelles que (6) nous ont été faites le 1ᵉʳ août, au nom du Gouvernement de la République.

D'ailleurs, si contrairement à notre attente une violation de la neutralité belge venait à être commise par la France, la Belgique remplirait tous ses devoirs internationaux et son armée opposerait à l'envahisseur la plus vigoureuse résistance.

Les traités de 1839, confirmés par les traités de 1870, consacrent l'indépendance et la neutralité de la Belgique sous la garantie des Puissances et notamment du Gouvernement de Sa Majesté le Roi de Prusse.

La Belgique a toujours été fidèle à ses obligations internationales ; elle a accompli ses devoirs dans un esprit de loyale impartialité ; elle n'a négligé aucun effort pour maintenir et (7) faire respecter sa neutralité.

L'atteinte à son indépendance dont (8) menace le Gouvernement allemand, constituerait une fixe (9) violation du droit

---

(5) Au lieu de « son », dans le Livre Gris belge : « sans ».

(6) Au lieu de « que » dans le Livre Gris belge : « qui ».

(7) Au lieu de « et » dans le Livre Gris belge : « ou ».

(8) Entre « dont » et « menace », dans le Livre Gris belge se trouve : « la ».

(9) Au lieu de « fixe » dans le Livre Gris belge « flagrante ».

des gens. Aucun intérêt stratégique ne justifie la violation du droit.

Le Gouvernement belge, en acceptant les propositions que (10) lui sont notifiées, sacrifierait l'honneur de la nation en même temps qu'il trahirait ses devoirs vis-à-vis de l'Europe.

Conscient du rôle que la Belgique joue depuis plus de 80 ans dans la civilisation du monde, il se refuse à croire que l'indépendance de la Belgique ne puisse être conservée qu'au prix (11) de sa neutralité.

Si cet espoir était déçu, le Gouvernement belge est fermement décidé à repousser par tous les moyens en son pouvoir toute atteinte à son droit (12). »

En raison de l'interruption des communications télégraphiques, mon télégramme n'a pu être envoyé que maintenant. Le Gouvernement m'informe que des communications télégraphiques ultérieures ne me seront permises avec Berlin que si l'on accorde la même faveur au représentant belge dans cette ville.

L'opinion est défavorable à l'Allemagne. On apprend que la Cour et le Gouvernement émigrent à Anvers où on a proclamé l'état de siège, et qu'on a invité la colonie allemande à quitter la ville.

BELOW.

---

(10) Au lieu de « que », dans le Livre Gris belge : « qui ».

(11) Entre « prix » et « de sa neutralité », dans le Livre Gris belge est intercalé : « de la violation ».

(12) Reproduction littérale de l'original en français (Note du Traducteur).

Nº 780

L'Empereur au Chancelier de l'Empire (1).

Son Excellence le Chancelier de l'Empire,

Pour faire suite à la conversation qui vient d'avoir lieu, je vous prie de m'informer immédiatement par téléphone si, en

---

(1) D'après une expédition non datée de la main de l'Empereur. Timbre d'enregistrement à l'entrée du Ministère des Affaires Étrangères : 3 août après-midi.

Doc. IV. 3

faisant connaître à Londres la sommation que nous avons adressée à la Belgique, on a ajouté que l'Allemagne, même au cas d'un conflit armé avec la Belgique, donne au Gouvernement anglais l'assurance la plus formelle que l'Allemagne même alors garantit l'intégrité de l'Etat belge. Au cas où, en dépit de la demande écrite du chef d'Etat-Major général, on aurait négligé de le faire, il faut immédiatement réparer cette omission (2).

GUILLAUME, I. R.

(2) Sur l'expédition, la note de la main de Jagow : « on a répondu à Sa Majesté que la communication avait été déjà envoyée à Londres. » Voir n° 667.

N° 781
Article du Ministère des Affaires Etrangères relatif à l'intervention en Belgique, destiné à la Presse, mais non publié (1).

Déjà le 1ᵉʳ août au soir, des nouvelles dignes de confiance étaient parvenues au Gouvernement allemand lui faisant connaître que des forces françaises se rassemblaient sur la ligne Givet-Maubeuge. Ces nouvelles, absolument certaines, ne laissent aucun doute sur l'intention de la France de traverser le territoire belge pour attaquer l'Allemagne. Dans la nuit du 1ᵉʳ au 2 août, des aviateurs français ont survolé le territoire belge dans la direction de la province du Rhin. Comme ils

(1) D'après une copie dactylographiée se trouvant aux Archives, avec des additions de la main de Stumm et de Riezler. Annotation marginale du 3 août du colonel Tappen, du Grand Etat-Major général : « Sur l'ordre de Son Excellence le chef de l'Etat-Major général, ne doit pas être publié ». Sur une feuille annexe. (Timbre d'enregistrement à l'entrée : 4 août après-midi), la note suivante de la main de Radowitz :

« Du major de Redern, Grand Etat Major général.

« Le chef du Grand Etat-Major général désire que, pour le moment, on s'abstienne de cette publication. Il pourrait encore y avoir des changements dans nos rapports avec la Belgique, et alors cet article fait pour rassurer manquerait son but.

« Dès qu'il y aura des nouvelles de Belgique, l'Etat-Major général se concertera sur la publication, avec le Ministère des Affaires Etrangères. »

n'ont fait des signaux qu'en arrière, aucun doute ne peut subsister sur la nationalité de ces aviateurs. Dans la nuit du 1er au 2 août, est parvenue à la frontière hollandaise la nouvelle que les troupes françaises avaient franchi la frontière belge. Ces incidents démontrent le commencement de réalisation de l'intention de traverser le territoire belge.

Le Gouvernement impérial a, en conséquence, le 2 août, à 8 heures du soir, fait part au Gouvernement belge de ces faits, et a ajouté qu'il ne pouvait se défendre de la préoccupation que la Belgique, en dépit de sa bonne volonté, ne fût pas en état, sans secours, d'empêcher la marche des Français à travers son territoire avec des chances de succès telles que l'Allemagne pût y trouver une sécurité suffisante contre cette menace. C'était un devoir de conservation pour l'Allemagne de prévenir l'attaque de l'ennemi. Aussi le Gouvernement allemand éprouverait les plus vifs regrets, si la Belgique considérait comme un acte d'hostilité contre elle la mesure, que ses adversaires forçaient l'Allemagne à prendre pour sa légitime défense, de pénétrer de son côté sur le territoire belge. Pour éviter tout malentendu, le Gouvernement impérial a déclaré au Gouvernement royal belge ce qui suit :

1° L'Allemagne ne se propose aucun acte d'hostilité contre la Belgique. Si la Belgique est disposée, dans la guerre imminente, à adopter à l'égard de l'Allemagne une neutralité bienveillante, le Gouvernement allemand s'engage, à la conclusion de la paix, à garantir dans toute leur étendue l'intégrité territoriale et l'indépendance du Royaume.

2° L'Allemagne s'engage, sous les conditions ci-dessus indiquées, à évacuer le territoire du Royaume, dès que la paix sera conclue.

3° En présence d'une attitude amicale de la Belgique, l'Allemagne est prête à acheter au comptant, après entente avec les autorités royales belges, toutes les denrées nécessaires à la subsistance de ses troupes, et à réparer tous les dommages qui pourraient être causés par les troupes allemandes.

Le Gouvernement belge a répondu dans le délai fixé de 12 heures, qu'il se refusait à accepter nos propositions, et s'opposerait par la force à toute violation de sa (2) neutralité (3).

Le Gouvernement allemand envisage cette évolution des événements avec le plus grand regret. Le peuple allemand partagera ce regret. Mais le caractère grave de l'heure et l'attitude de la France, exigent une action prompte et énergique.

(2 *Sic* dans la copie.

(3) « ...qu'il se refusait à accepter... toute violation de sa neutralité » ajouté au crayon de la main de Stumm dans un blanc laissé à cet effet dans le projet.

N° 782
L'Ambassadeur à Londres
au Ministère des Affaires Étrangères (1).

Télégramme 241.

Londres, le 3 août 1914 (2).

Le Foreign Office fait connaître que l'ambassadeur de France, en vertu d'instructions télégraphiques de Paris, l'a informé officiellement que la nouvelle d'après laquelle 80 officiers français, en uniformes allemands, auraient essayé de franchir la frontière hollando-allemande à Geldern en automobiles, était absolument dénuée de fondement (3).

LICHNOWSKY.

---

(1) D'après l'expédition de l'Office central télégraphique.

(2) Remis à Londres 6 heures après-midi; parvenu au Ministère des Affaires Étrangères 8 h. 10 soir. Timbre d'enregistrement à l'entrée : 3 août après-midi. Copie envoyée le 4 août à l'Empereur. Communiqué le 3 août à l'Etat-Major général, au Ministère de la Guerre à l'Etat-Major de la Marine et au Ministère de la Marine.

(3) Voir n°ˢ 677 et 710.

N° 783
L'Empereur au Roi des Belges (1).

Télégramme (sans numéro).

Berlin, le 3 août 1914 (2).

A Sa Majesté le Roi des Belges,

Bruxelles.

J'adresse Mes plus vifs remerciements à Votre Majesté, pour sa lettre (3) et pour les sentiments qui y sont exprimés.

Je me suis vu dans l'obligation de poser une question sérieuse au Gouvernement de Votre Majesté. J'ai agi avec des intentions amicales pour la Belgique, mais sous la contrainte des nécessités de cette heure, où il s'agit des destinées de l'Allemagne.

Il dépend encore de Votre Majesté de maintenir les relations amicales entre Nous, ainsi que l'ont fait entrevoir les conditions dont je Lui ai fait part.

Mes sentiments pour Votre Majesté et son pays ne sont pas changés.

GUILLAUME.

____

(1) D'après la minute de la main de Jagow, qui l'a envoyée avec un rapport immédiat (voir n° 778) à l'Empereur et exécutée par lui, a été retournée le 3 août au Ministère des Affaires Etrangères.

(2) Sous la minute, la note de l'aide de camp de Hirschfeld : « Ce télégramme a été envoyé du Château, sur l'ordre de Sa Majesté. » De là à 8 h. 20 du soir à l'Office central télégraphique.

(3) Voir n° 765.

N° 784

L'Ambassadeur à Londres
au Ministère des Affaires Etrangères (1).

Télégramme 240.

Londres, le 3 août 1914 (2).

Sir Edward Grey vient de déclarer à la Chambre que le Gouvernement n'a pas contracté en vue de la guerre euro-

____

(1) D'après la copie de l'Office central télégraphique. Télégramme en clair.

(2) Le passage : « Sir Edward Grey... son appui armé » remis à Londres 5 h. 28 après-midi, parvenu au Ministère des Affaires Etrangères 8 h. 48 soir.

péenne d'autres obligations qu'un appui diplomatique. Mais si une flotte étrangère, engagée dans une guerre que la France n'a pas cherchée, dans laquelle elle n'a pas été l'agresseur, entrait dans la Manche et bombardait la côte française sans défense, ce serait un *casus belli* pour l'Angleterre et ce n'était que dans ce cas qu'elle avait promis à la France son appui armé.

Il a déclaré à l'ambassadeur de France qu'au cas où une flotte allemande pénétrerait dans la Manche ou dans la Mer du Nord pour procéder à des actes d'hostilité contre les côtes françaises ou la navigation française, l'Angleterre donnerait aux Français toute l'assistance en leur (3) pouvoir (4).

LICHNOWSKY.

Le passage « Il a déclaré .. donnerait aux Français toute l'assistance en leur pouvoir », remis à Londres 5 h. 35 après-midi ; parvenu au Ministère des Affaires Étrangères 9 h. 30 soir. Timbre d'enregistrement à l'entrée des deux parties du télégramme : 3 août après-midi. Soumis le 4 août à l'Empereur ; communiqué le 3 août à l'État-Major général, au Ministère de la Guerre, à l'État-Major de la Marine et au Ministère de la Marine.

(3) *Sic* dans le déchiffrement.

(4) Voir nos 714, 801 et 820.

N° 785

**L'Ambassadeur à Tokio
au Ministère des Affaires Étrangères (1).**

Télégramme 40.

Tokio (2).

Pendant la conversation, conformément aux instructions du télégramme n° 24 (3) j'ai pu constater que le Ministre des

(1) D'après le déchiffrement

(2) Le moment de la remise à Tokio n'est pas indiqué, parvenu au Ministère des Affaires Étrangères 3 août 9 h. 14 soir. Timbre d'enregistrement à l'entrée : 3 août après-midi. Communiqué le 3 août à l'État-Major général, au Ministère de la Guerre, à l'État-Major de la Marine et au Ministère de la Marine. Le déchiffrement a été soumis à l'Empereur, rendu par lui le 4 août au Ministère. Le télégramme, après quelques légères modifications, a été communiqué télégraphiquement le 4 août à l'ambassadeur à Vienne et au ministre à Pékin, le 4 août 9 h. 25 soir à l'Office central télégraphique.

(3) Voir n° 545.

Affaires Etrangères, considérait les rapports avec la Russie comme très amicaux et ne croyait pas qu'ils se troubleraient. Comme je lui demandais comment il concevait l'attitude du Japon dans un conflit européen, il me répondit que le Japon désirait rester neutre aussi longtemps que possible; il avait pour nous de bonnes intentions; mais naturellement la décision finale du Japon dépendait de l'Angleterre. Si l'Angleterre réclamait l'assistance du Japon dans l'Asie orientale ou dans l'Inde, il devrait intervenir. *Le Ministre déclara qu'il ne croyait pas que des rencontres en pleine mer pussent provoquer une intervention du Japon, mais que ce cas pourrait se produire par une attaque allemande contre un territoire britannique, par exemple Hongkong. Si la guerre se limitait à l'Europe, le Japon resterait probablement neutre.*

Il semble que la Russie s'efforce avec persistance de satisfaire le Japon par des concessions.

Rex.

N° 786

**Le Ministre à Bucarest
au Ministère des Affaires Etrangères** (1).

Télégramme 64.

Sinaïa, le 3 août 1914 (2).

J'ai remis immédiatement au Roi et au Président du Conseil des Ministres la déclaration que vous m'aviez ordonné de faire (3). Le Roi dit que depuis vendredi déjà des mesures militaires ont été prises pour préparer la mobilisation, et qu'aujourd'hui, le Conseil de la Couronne, auquel sont convoqués les chefs de partis et les Présidents de la Chambre et du Sénat, et auquel seront soumis le traité et tous les

---

(1) D'après le déchiffrement.

(2) Remis à Sinaïa 4 heures après-midi, parvenu au Ministère des Affaires Etrangères 9 h. 45 soir. Communiqué à l'Etat-Major général, au Ministère de la Guerre, à l'Etat-Major de la Marine et au Ministère de la Marine. Timbre d'enregistrement à l'entrée : 4 août matin. Copie du déchiffrement a été envoyée à l'Empereur.

(3) Voir n° 646 ; le n° 729 ne devait pas être encore parvenu à Sinaïa.

documents, décidera de la question de la mobilisation. Le Roi se prononcera très énergiquement et, s'il est nécessaire, de façon comminatoire, pour la mobilisation. Sa Majesté dit que le port de Constantza et par suite la Dobroudja, sont complètement ouverts; de sorte qu'il est désirable que la flotte russe soit menacée par la Turquie. Il désire aussi que la Turquie soit sûre qu'elle ne sera pas attaquée par la Grèce, et que la Turquie joue un rôle actif également en Asie Mineure. Je considère le Roi comme absolument loyal. Le Président du Conseil des Ministres déclare qu'il veut appuyer l'action allemande, et qu'il verra comment le Gouvernement et l'opinion publique peuvent le faire. Cette dernière a été surprise par les événements, et n'est pas préparée au point de vue militaire. M. Bratiano craint que, si l'on brusque la situation, les troupes russes entrent en Moldavie. Il télégraphiera aussitôt que possible la décision du Conseil de la Couronne.

Le Roi et le Président du Conseil des Ministres ont, sans aucun doute, de la bonne volonté. On devrait laisser à la Roumanie, en raison de son état d'impréparation, quelque temps pour mobiliser et pour préparer l'opinion publique. On devrait éviter que la Russie, qui a déjà concentré de fortes masses de troupes en Bessarabie, remarquât trop tôt que la Roumanie prend parti contre elle, et n'attaquât la Roumanie non préparée. La publication du traité, de notre part, également de l'avis du comte Czernin, ne paraît pas indiquée pour le moment.

WALDTHAUSEN.

N° 787

La 16me Division d'Infanterie
au Ministère des Affaires Etrangères (1).

Télégramme (sans numéro).

Luxembourg, le 3 août 1914 (2).

Quelle attitude doit observer le commandement de la divi-

---

(1) D'après l'expédition de l'Office central télégraphique de Berlin.

(2) Remis à Luxembourg 8 h. soir, parvenu au Ministère des Affaires

sion à l'égard du ministre de France ici, au sujet des informations qu'il transmet à son Gouvernement? Le Ministère a déjà, vis-à-vis du commandant de la division, invoqué dans différents cas sa souveraineté territoriale, en alléguant la neutralité du Luxembourg (3).

16me Division.

Ltrangères 9 h. 49 soir. Timbre d'enregistrement à l'entrée : 3 août après-midi. Communiqué le 3 août à l'Etat-Major général, au Ministère de la Guerre, à l'Etat-Major de la Marine et au Ministère de la Marine. La copie du télégramme a été envoyée au chef de l'Etat-Major général avec l'annotation de Jagow :

Avec prière de renvoi.

Berlin, le 3 août 1914.

A Son Excellence le chef de l'Etat-Major général, en le priant de vouloir bien faire connaître son opinion. Au cas où il n'attacherait pas une importance particulière à l'interruption de ces communications, je serais d'avis de ne pas les troubler.

v. Jagow.

(3) Voir n°s 807 et 842.

N° 788

Le Chef de l'Etat-Major général de l'Armée au Ministère des Affaires Etrangères (1).

Secret. Berlin, le 3 août 1914 (2).

Il faut notifier mardi 4 août à 6 heures du matin au Gouvernement belge qu'à notre grand regret, le refus opposé par le Gouvernement royal belge à nos propositions bienveillantes nous force à exécuter les mesures que nous jugeons indispensables contre les menaces françaises, si cela est nécessaire, par la force des armes.

Cette notification est nécessaire, parce que nos troupes, dès demain matin, pénétreront sur le territoire belge. Je considère cette notification comme suffisante, attendu que la Belgique nous a déclaré qu'elle s'opposerait par la force des armes à toute invasion. Je ne crois pas une déclaration de guerre nécessaire, parce que je compte toujours que nous

(1) D'après l'expédition.

(2) Timbre d'enregistrement à l'entrée du Ministère des Affaires Etrangères : 3 août après-midi. Annotation du Sous-Secrétaire d'Etat 3. 8. 14, 10 h. soir. Voir n° 791.

arriverons avec la Belgique à une entente, quand le Gouvernement belge se rendra parfaitement compte de la gravité
de la situation (3).

v. MOLTKE.

____

(3) Voir n° 849, phrase finale.

N° 789
Le Ministre à Christiana
au Ministère des Affaires Etrangères (1).

Télégramme 24.

Christiania, le 3 août 1914 (2).

Le Gouvernement norvégien a mobilisé toute la marine et
convoqué des troupes pour renforcer les garnisons des for-
teresses. Le Ministre des Affaires Etrangères me dit qu'on
n'a pas encore l'intention de procéder à une mobilisation
générale de l'armée de terre. La Norvège publiera très probablement demain avec le Danemark et la Suède une nouvelle
déclaration de neutralité en ce qui concerne la guerre russo-
allemande. Le Storthing est convoqué pour le 8 août.

OBERNDORFF,

____

(1) D'après le déchiffrement.

(2) Remis à Christiania 3 août 7 h. 30 soir, parvenu au Ministère des
Affaires Etrangères 10 h. 10 soir. Timbre d'enregistrement à l'entrée :
4 août matin. Communiqué à l'Etat-Major général, au Ministère de la Guerre,
à l'Etat-Major de la Marine et au Ministère de la Marine. Soumis à l'Empereur, revenu le 4 août au Ministère.

N° 790
Le Chancelier de l'Empire
à l'Ambassadeur à Londres (1).

Télégramme 223.   Berlin, le 3 août 1914 (2-3).

Je vous prie de dire à Sir Edward Grey que, si nous avons

____

(1) D'après la minute de la main du Chancelier de l'Empire.

(2) 10 h. 25 soir à l'Office central télégraphique.

(3) Voir n° 764. En marge note du Chancelier de l'Empire : « Je regrette
qu'on ne me soumette le télégramme 234 qu'à 9 heures du soir ».

procédé à la violation de la neutralité de la Belgique, nous y étions contraints par le devoir de notre propre conservation. Nous nous trouvions dans une situation militaire forcée. La malheureuse mobilisation *russe*, *alors que nous avions, jusqu'ici, borné nos efforts militaires aux mesures de défense les plus urgentes, nous a subitement exposés au danger, après les forts armements militaires de la France, d'être débordés à l'ouest et à l'est. Les incidents de la mobilisation française avaient montré que la mobilisation aboutit fatalement à la guerre. Enserrés entre l'ouest et l'est, nous étions maintenant obligés de recourir à tous les moyens pour défendre notre peau. Il n'y avait pas violation intentionnelle du droit des gens, mais l'acte d'un homme qui combat pour sa vie. J'avais consacré tous mes efforts, comme Chancelier de l'Empire à amener, d'accord avec l'Angleterre, un état de choses rendant impossible la folie d'un mutuel entre-déchirement des nations civilisées européennes. La Russie, en jouant criminellement avec le feu, a contrarié ces intentions. J'espère nettement que l'Angleterre, par son attitude dans cette crise mondiale, posera une base sur laquelle, après son terme, nous pourrons réaliser en commun ce qui a été détruit par la politique russe.*

Bethmann Hollweg.

N° 791

**Le Secrétaire d'Etat des Affaires Etrangères
au Ministre à Bruxelles (1).**

Télégramme 48.

Urgent.   Berlin, le 3 août 1914 (2).

Je vous prie d'informer demain mardi, 4 août, à 6 heures du matin, le Gouvernement belge qu'à notre grand regret nous sommes obligés par le refus de nos propositions bienveillantes, d'exécuter s'il le faut, par la force des armes les

---

(1) D'après la minute. Projet de la main de Zimmerman. Cf. la communication de Moltke n° 788.

(2) 10 h. 35 soir à l'Office central télégraphique.

mesures de sécurité que nous considérons comme indispensables contre la menace française.

JAGOW.

N° 792
Le Ministre à La Haye
au Ministère des Affaires Etrangères (1).

Télégramme 31.

La Haye, le 3 août 1914 (2).

Le chargé d'affaires d'Italie a informé aujourd'hui le ministre d'Autriche que, d'après un télégramme de Rome, la décision sur la question de savoir si l'Italie resterait neutre ou
non était imminente. Le baron Giskra a exprimé au chargé
d'affaires son étonnement et son indignation de la possibilité
d'une déclaration de neutralité italienne. Il l'a fait en termes
polis, mais nets.

Le chargé d'affaires d'Angleterre considère que le bruit
d'après lequel le Gouvernement anglais, à la suite de notre
intervention en Belgique, adresserait un ultimatum à l'Allemagne, n'est pas certain, mais n'est pas invraisemblable.

MÜLLER.

----

(1) D'après le déchiffrement.

(2) Remis à La Haye 9 h. 20 soir, parvenu au Ministère des Affaires
Etrangères 11 h. 35 soir. Timbre d'enregistrement à l'entrée : 4 août matin.
Communiqué à l'Etat-Major général, au Ministère de la Guerre, à l'Etat-
Major de la Marine et au Ministère de la Marine.

N° 793
Le Grand Etat-Major général
au Ministère des Affaires Etrangères (1).

Berlin, le 3 août 1914 (2).

De nombreux aviateurs français viennent de l'ouest dans la
direction de Cologne et au sud en traversant l'Eifel, ainsi cer-

----

(1) D'après copie d'une communication téléphonique.

(2) Communication soumise le 3 août au Secrétaire d'Etat, rendue le 4 août
par Stumm. Timbre d'enregistrement à l'entrée du Ministère des Affaires
Etrangères : 4 août.

tainement à travers le territoire belge. Il est certain qu'ils ne sont pas allemands. Ils projettent des signaux lumineux à l'arrière.

D'après une information de la gendarmerie, à la frontière hollandaise on a reçu la nouvelle que les troupes françaises ont franchi la frontière belge.

Le conseiller provincial Erkelenz annonce : De Nancy, d'après la nouvelle donnée par un officier de réserve de passage, la garnison française partirait. On dit là-bas que les Français veulent traverser la Belgique avec 3 corps d'armée.

N° 794

**Le Ministre à Bucarest
au Ministère des Affaires Étrangères** (1).

Télégramme 62.

Sinaïa, le 3 août 1914 (2).

M. Bratiano a informé le comte Czernin que la Russie avait *proposé à la Bulgarie de marcher avec elle, qu'en échange elle recevrait la Macédoine* (3). Par contre *La Bulgarie a déjà rejeté les offres de la Russie d'après une information de mon ministre.* la Serbie *serait dédommagée* par la Bosnie et l'Herzégovine. M. Bratiano ne sait pas encore la réponse donnée par la Bulgarie. Le ministre de Bulgarie doit s'être rendu à Roustchouk.

Waldthausen.

---

(1) D'après le déchiffrement.

(2) Remis à Sinaïa le 3 août 7 h. soir, parvenu au Ministère des Affaires Étrangères le 4 août, 12 h. 1 matin. Timbre d'enregistrement à l'entrée : 4 août matin. Communiqué le 4 août à l'État-Major général, au Ministère de la Guerre, à l'État-Major de la Marine et au Ministère de la Marine. Le déchiffrement a été envoyé le 4 août à l'Empereur qui, par une décision marginale, en a ordonné la communication immédiate à Vienne et à Athènes ; revenu le même jour au Ministère. Le télégramme de Waldthausen a été communiqué télégraphiquement le 4 août par Zimmermann à l'ambassadeur à Vienne et au ministre à Sofia ; 5 h. 7 après-midi à l'Office central télégraphique.

(3) Voir n° 832.

N° 795

L'Ambassadeur à Constantinople
au Ministère des Affaires Etrangères (1).

Télégramme 446.

Thérapia, le 3 août 1914 (2).

Accélérer la conclusion de l'alliance à Sofia. Communiquer le paragraphe final relatif à la Bessarabie ainsi que la conclusion de notre alliance, communiquer également notre alliance avec Sofia à Stamboul.
G.

Enver et Liman désireraient déclarer immédiatement la guerre à la Russie pour saisir trois vapeurs russes d'une valeur considérable et munis de la télégraphie sans fil qui se trouvent ici. Le Grand Vizir et... (3) y sont opposés, parce que :

1° La mobilisation turque qui est énergiquement commencée n'est pas encore terminée.

2° Parce que l'attitude de la Bulgarie n'est pas encore très clairement établie, et que, sans la Bulgarie, on ne peut pas attaquer directement la Russie.

3° Parce que nous craignons qu'après la déclaration de guerre le « Osmane » puisse être retenu par l'Angleterre.

J'ai invité le général Liman à attendre l'accession de la Bulgarie. Le ministre de Bulgarie, d'après un télégramme parvenu à l'ambassade d'Autriche, doit avec mon assistance et celle du marquis Pallavicini, reprendre les négociations d'alliance avec la Porte. Jusqu'ici

---

(1) D'après le déchiffrement.

(2) Remis à Thérapia 3 août 2 h. 35 après-midi ; parvenu au Ministère des Affaires Etrangères 4 août 12 h. 26 matin. Timbre d'enregistrement à l'entrée : 4 août matin. Communiqué le 4 août à l'État-Major général, au Ministère de la Guerre, à l'État Major général de la Marine et au Ministère de la Marine. Déchiffrement envoyé le 4 août à l'Empereur qui a noté en marge : « 11 h. 15 après-midi ». Retourné le 4 août au Ministère.

(3) Un groupe de chiffres incompréhensible.

il n'y a pas de nouvelles que le ministre
de Bulgarie ait reçu des instructions (4).
Tout dépend de la rapidité des décisions
et des actes de la Bulgarie. On pourrait éventuellement faire entrevoir à la
Roumanie que la Turquie et la Bulgarie
aideraient à conquérir la Bessarabie pour
le compte de la Roumanie.

bien

Il est désirable que le général Liman
reçoive le plus tôt possible des directives
de notre Etat-Major général (5).

WANGENHEIM.

(4) Voir nᵒˢ 816 et 854.
(5) Voir nᵒ 830.

N° 796

Le Chargé d'affaires à Pékin
au Ministère des Affaires Etrangères (1).

Télégramme 54.

Pékin, le..... (2).

Juan-chi-kaï m'a fait part confidentiellement de son
intention de demander aux puissances la neutralisation des
trois districts concédés à bail, Kiao-Tcheou, Weï-haï-weï
et Kouang-tchou-wan.

Un membre du Ministère des Affaires Etrangères m'a
interrogé officieusement sur les vues de l'Allemagne.

J'ai répondu : Je crois que l'Allemagne n'accéderait aux
propositions de Juan-chi-kaï qu'au cas où toutes les puissances intéressées y donneraient leur assentiment et des

(1) D'après le déchiffrement.
(2) Remis à Pékin 1 h. 50 après-midi ; le jour n'est pas indiqué, parvenu
au Ministère des Affaires Etrangères le 4 août 1 h. 17 matin. Timbre d'enregistrement à l'entrée : 4 août matin. Communiqué le 4 août à l'Etat-
Major général, au Ministère de la Guerre, à l'Etat-Major de la Marine et au
Ministère de la Marine.

garanties pour l'exécution efficace de la neutralité. J'en ai informé Tsingtau.

J'ai discuté avec le ministre d'Angleterre la question de la neutralité des concessions de Tientsin, Shanghaï et Hankau. Sir John recommandera télégraphiquement à Londres la neutralisation des concessions. J'ai l'intention de soutenir cette mesure vu l'urgence sans interroger davantage le corps diplomatique.

MALTZAN.

N° 797

**Le Ministre à La Haye
au Ministère des Affaires Etrangères** (1).

Télégramme 32.

La Haye, le 3 août 1914 (2).

Aux ouvertures que je lui ai faites (3) cet après-midi, le Ministre des Affaires Etrangères m'a fait déclarer cet après-midi que les Pays-Bas observeront strictement leur neutralité en tous sens. Le Gouvernement néerlandais a confiance absolue que de son côté l'Allemagne *ne violera* d'aucune manière *la neutralité néerlandaise.*

nous ne le voulons pas

En ce qui concerne l'incident annoncé par le télégramme 27 (4) les informations du Gouvernement néerlandais constatent que sur toute la ligne frontière Nimègue-Maestricht on ne sait rien d'une semblable violation de la neutralité par la France.

___

(1) D'après le déchiffrement.

(2) Remis à La Haye 3 août 10 h. 55 matin, parvenu au Ministère des Affaires Etrangères 4 août 1 h. 17 matin. Timbre d'enregistrement à l'entrée : 4 août matin. Déchiffrement soumis à l'Empereur, et revenu le 4 août au Ministère. Communiqué le 4 août à l'Etat-Major général, au Ministère de la Guerre, à l'Etat-Major de la Marine et au Ministère de la Marine.

(3) Voir n° 674. La communication effectuée conformément au n° 738 a eu lieu dès 9 heures du matin.

(4) Voir n° 677.

Toutes les routes de terre sont barrées,
les automobiles arrêtées et fouillées et les
voitures jusqu'ici arrêtées ne sont que
des voitures hollandaises montées par des
voyageurs hollandais.

MULLER.

N° 798
L'Ambassadeur à Vienne
au Ministère des Affaires Etrangères (1).

Télégramme 163.

Vienne, le 4 août 1914 (2-3).

Le comte Tarnowski est aujourd'hui autorisé, au cas où
son collègue d'Allemagne recevrait les mêmes instructions,
à annoncer au Gouvernement bulgare que le Gouvernement
impérial et royal est disposé à accepter en principe les deux
bases proposées par la Bulgarie. Le représentant de l'Autriche-Hongrie, en ce qui concerne le texte du traité définitif,
recevra des instructions précises et sera invité à se tenir en
contact permanent avec son collègue d'Allemagne.

TSCHIRSCHKY.

(1) D'après le déchiffrement.
(2) Remis à Vienne 12 h. 30 matin, parvenu au Ministère des Affaires
Etrangères 1 h. 41 matin. Timbre d'enregistrement à l'entrée: 4 août
matin. Communiqué le 4 août à l'Etat-Major général, au Ministère de la
Guerre, à l'Etat-Major de la Marine et au Ministère de la Marine.
(3) Voir n° 698.

N° 799
L'Ambassadeur à Londres
au Ministère des Affaires Etrangères (1).

Télégramme 243.   Londres, le 3 août 1914 (2).

Sir W. Tyrrell m'a informé dans une
conversation que le ministre de Belgique
avait remis cet après-midi le texte de

(1) D'après le déchiffrement.
(2) Remis à Londres 3 août 10 heures soir, parvenu au Ministère des

l'ultimatum allemand et la réponse belge.
Le Cabinet délibérait à ce sujet. Il était
vraisemblable qu'on en ferait part à la
Chambre basse. En ce qui concernait le
discours d'aujourd'hui (3) de Sir E. Grey,
ce diplomate a fait remarquer que la
question de savoir si le passage des troupes allemandes en Belgique amènerait
l'Angleterre à abandonner sa neutralité
était une question à laquelle on ne pouvait, pour l'instant, *répondre ni par l'af-
firmative ni par la négative.* La décision
finale ne serait prise que quand on aurait
une certitude au sujet de l'attitude de la
Chambre des Communes.

comme toujours
jusqu'à présent

LICHNOWSKY.

Affaires Étrangères 4 août 2 h. 12 matin. Timbre d'enregistrement à l'entrée : 4 août matin. Déchiffrement envoyé le 4 août à l'Empereur, et revenu
le même jour au Ministère. Communiqué le 4 août à l'État-Major général,
au Ministère de la Guerre, à l'État-Major de la Marine et au Ministère de la
Marine.

(3) Voir n°s 784, 801 et 820.

N° 800

**Le Consul général à Copenhague
au Ministère des Affaires Étrangères (1).**

Télégramme (sans numéro).

Copenhague, le 3 août 1914 (2).

Le consul d'Anvers télégraphie que ce matin on a proclamé
à Anvers l'état de siège. Les télégrammes à destination de
l'Allemagne ne sont plus acceptés.

MARTENS.

(1) D'après la copie de l'Office central télégraphique. Télégramme en clair
(2) Remis à Copenhague 3 août 10 h. 40 soir, parvenu au Ministère des
Affaires Étrangères 4 août 3 h. 40 matin. Timbre d'enregistrement à
l'entrée : 4 août matin. Communiqué le 4 août à l'État-Major général, au
Ministère de la Guerre, à l'État-Major de la Marine et au Ministère de la
Marine ; en outre à l'État-Major général et à l'État-Major de la Marine,
le 4 août 9 h. 15 matin par téléphone.

N° 801

L'Ambassadeur à Londres
au Ministère des Affaires Etrangères (1).

Télégramme 244.

Londres, le 3 août 1914 (2).

Bien que le discours d'aujourd'hui de Sir E. Grey témoigne d'un fort mécontentement, et qu'il ne soit pas affranchi d'une forte méfiance contre nos intentions politiques, on doit cependant en déduire avec certitude que le Gouvernement britannique n'a pas actuellement l'intention d'intervenir dans la lutte et d'abandonner la neutralité. En ce qui concerne la déclaration de Sir E. Grey relative à la protection des côtes du nord de la France assumée par l'Angleterre, l'engagement qu'il a pris à cet égard envers mon collègue de France est conforme aux assurances que j'étais en mesure de lui donner (3).

En ce qui concerne la neutralité de la Belgique, le Ministre dit qu'au cas où les faits qu'on a connus jusqu'ici seraient vérifiés comme exacts, ce serait un devoir pour l'Angleterre de faire tout son possible pour empêcher les conséquences de cet acte. Cette déclaration n'est pas très claire, mais elle veut dire sans doute que l'Angleterre s'opposerait à toute atteinte portée au territoire belge ou à la souveraineté belge.

A mon avis, nous pouvons accueillir ce discours avec satisfaction, et considérer comme un grand succès que l'Angleterre ne se range pas immédiatement aux côtés de ses associés de l'Entente. Je désire répéter à cette occasion que je suis persuadé que le Gouvernement britannique s'efforcera encore de maintenir sa neutralité (4). Cette attitude serait très facilitée au cas où le territoire belge pourrait être évacué

---

(1) D'après le déchiffrement.

(2) Remis à Londres 3 août 10 heures soir, parvenu au Ministère des Affaires Etrangères 4 août 4 h. 9 matin. Timbre d'enregistrement à l'entrée : 4 août matin. Communiqué le 4 août à l'Etat-Major général, au Ministère de la Guerre, à l'Etat-Major de la Marine et au Ministère de la Marine.

(3) Voir n° 714 ; cf. aussi le n° 784.

(4) Voir n° 820.

en peu de temps et sans grands combats. Au surplus, nous ne devons pas être surpris que notre politique ait ici beaucoup mécontenté et que Sir E. Grey se soit vu obligé d'exprimer ce mécontentement. Car la croyance se répand de plus en plus que nous avons désiré la guerre pour des motifs inconnus, que nous l'avons imposée à nos voisins, et qu'avec de la bonne volonté, il aurait été facile de l'éviter. Le sentiment du droit des Anglais est d'ailleurs très offensé par cette double violation des traités et je crois que nous devrons être satisfaits si le Gouvernement britannique se borne à des protestations platoniques et se contente des deux conditions posées : protection des côtes de France et intégrité et indépendance de la Belgique. Cela sera-t-il possible ? Cela dépend de l'attitude du Parlement et du fait que l'opinion publique ne soit pas trop surexcitée.

Lichnowsky.

N° 802

**Le Ministre à Stockholm
au Ministère des Affaires Etrangères** (1).

Télégramme 44.

Stockholm, le 3 août 1914 (2).

Je reproduis, bien que la source me paraisse contestable la..... (3) nouvelle que le ministre d'Angleterre aurait déclaré que, selon toute probabilité, l'Angleterre déclarerait demain la guerre à l'Allemagne.

Reichenau.

---

(1) D'après le déchiffrement.

(2) Remis à Stockholm 3 août 11 h. 55 soir, parvenu au Ministère des Affaires Etrangères 4 août 4 h. 12 matin. Timbre d'enregistrement à l'entrée : 4 août matin. Communiqué le 4 août à l'Etat Major général, au Ministère de la Guerre, à l'Etat Major de la Marine et au Ministère de la Marine.

(3) Groupe de chiffres incompréhensible.

N° 803
Le Chargé d'affaires à Athènes
au Ministère des Affaires Etrangères (1).

Télégramme 234.

Athènes, le 3 août 1914 (2).

Le Ministre des Affaires Etrangères m'a exposé l'attitude de la Grèce de la même manière que Sa Majesté le Roi l'a exposée à Sa Majesté l'Empereur (3).

La Grèce restera neutre et n'interviendra que si la Bulgarie bouge. Ses mesures militaires... (4) n'auront toutefois pour but que de tenir la Bulgarie en échec. Vis-à-vis des autres puissances, la Grèce désirerait essayer de rester neutre.

BASSEWITZ.

(1) D'après le déchiffrement.

(2) Remis à Athènes 3 août 8 h. 15 soir, parvenu au Ministère des Affaires Etrangères 4 août 5 h. 45 matin. Timbre d'enregistrement à l'entrée : 4 août matin. Communiqué le 4 août à l'Etat-Major général, au Ministère de la Guerre, à l'Etat-Major de la Marine et au Ministère de la Marine.

(3) Voir n° 702.

(4) Un groupe de chiffres manque.

N° 804
Le Chef de l'Etat-Major général de l'Armée
au Ministère des Affaires Étrangères (1).

Berlin, le 4 août 1914 (2).

1° Pour la conduite de la guerre qui vient d'éclater, il est d'une très grande importance, importance sur laquelle on ne saurait assez insister, que l'exportation de vivres reste libre en Allemagne par la voie de l'Italie. Alors que l'Italie n'a pas satis-

(1) D'après l'expédition.

(2) Date de l'envoi : 4. 8. 14, 6 h. matin. Le chiffre 3 « Note pour le Ministère des Affaires Etrangères » a été découpé, après son arrivée au Ministère des Affaires Etrangères et a reçu un timbre d'enregistrement à l'entrée particulier : 4 août matin, alors que le reste de la dépêche a été muni du timbre d'enregistrement à l'entrée : 4 août après-midi.

fait à ses obligations d'alliance, mais a promis une neutralité
bienveillante, la moindre preuve de cette bienveillance serait
qu'elle ne créât pas de difficultés sous ce rapport.

Je vous prie d'insister le plus tôt possible à Rome dans ce
sens. Il s'agit là d'une question vitale pour nous (3).

2° Je vous prie de transmettre immédiatement à Londres
ce qui suit :

L'Allemagne affirme catégoriquement une fois de plus que,
dans son intervention en Belgique, elle n'a pas été guidée
par l'intention de se mettre en possession de territoires
belges sous un prétexte frivole, même en cas de conflit armé
avec la Belgique. La déclaration de l'Allemagne aux Pays-
Bas qu'elle ne pénètrera pas sur le territoire hollandais dans
cette guerre, mais qu'elle est décidée à observer vis-à-vis des
Pays-Bas, la plus stricte neutralité, est la meilleure preuve à
l'appui de l'intention que nous venons d'exprimer. Le Gouvernement anglais sera à même de comprendre que si l'Allemagne avait des intentions d'annexer du territoire belge,
une semblable acquisition ne pourrait avoir de valeur que si
on avait les mêmes intentions à l'égard de la Hollande. Il
convient de faire ressortir encore une fois que l'attitude de
l'Allemagne envers la Belgique a été rendue nécessaire par
les opérations que la France se proposait d'effectuer ainsi
que nous l'avons appris de source sûre. L'Allemagne ne
pouvait s'exposer au danger d'être attaquée par des
forces françaises considérables dans la direction du Bas-
Rhin. L'Allemagne devait agir conformément au principe
que le coup est la meilleure des parades, et c'est un fait qu'on
comprendra aisément en Angleterre où on est toujours prêt
en cas de guerre aux mesures les plus énergiques. Il s'agit
pour l'Allemagne dans cette guerre, non seulement de toute
son existence d'État et du maintien de l'Empire allemand
créé au prix de lourds et sanglants sacrifices, mais aussi de
la conservation et du maintien de la civilisation et des
mœurs germaniques vis-à-vis de la barbarie slave.

L'Allemagne ne peut pas croire que l'Angleterre soit dis-

____

(3) Voir n° 806.

posée à aider à anéantir, par une attitude hostile à l'Allemagne, cette civilisation à laquelle la vie intellectuelle anglaise a toujours pris une si grande part. La décision est entre les mains de l'Angleterre.

Note.

Je vous prie de transmettre cette dépêche *en clair* à Londres et d'inviter l'ambassadeur à la lire à Sir Edward Grey. Il n'y aura aucun inconvénient pour nous à ce que cette note, qui est rédigée en clair, soit connue ailleurs (4).

3° Note pour le Ministère des Affaires Etrangères : il convient de persister à maintenir vis-à-vis du Gouvernement belge, le point de vue que, même après que la marche allemande en Belgique aura été effectuée, l'Allemagne est prête à tout instant, à tendre à la Belgique une main fraternelle, et à entamer de toutes façons des négociations en vue d'un *modus vivendi* acceptable pour la conduite de la guerre qui nous a été imposée par l'attitude de la France.

Mais la base indispensable de ces négociations sera l'ouverture de *Liège* à la marche des troupes allemandes et l'assurance de la Belgique qu'on n'entreprendra pas la destruction des voies ferrées, des ponts et des travaux d'art (5). Il n'y a pas lieu de soulever d'autres exigences au point de vue militaire.

v. Moltke.

---

(4) Voir n° 810. Cf. aussi n° 667.
(5) Voir n° 805.

N° 805

Le Secrétaire d'Etat des Affaires Etrangères au Ministre à Bruxelles (1).

Télégramme 49.

Urgent.   Berlin, le 4 août 1914 (2).

Même après que la marche sur le territoire belge aura été effectuée, je prie Votre Excellence de persister à soutenir le

---

(1) D'après la minute de la main de Jagow.
(2) 9 h. 20 matin à l'Office central télégraphique.

point de vue que l'Allemagne est prête à tout instant à tendre à la Belgique une main fraternelle et à s'entendre avec elle sur un *modus vivendi* acceptable.

La base des négociations doit être l'ouverture de Liège à la marche des troupes allemandes, et l'abstention de toute destruction de voies ferrées, de ponts et de travaux d'art (3).

Jagow.

---

(3) Voir n° 804, chiffre 3.

N° 806

Le Secrétaire d'Etat des Affaires Etrangères à l'Ambassadeur à Rome (1).

Télégramme 172.

Berlin, le 4 août 1914 (2).

Etant donné que l'Italie nous refuse toute assistance active, nous nous attendons tout au moins à ce qu'elle témoigne la neutralité bienveillante promise en permettant, dans une très large mesure, l'exportation de vivres d'Italie en Allemagne (3).

Jagow.

---

(1) D'après la minute de la main de Jagow.
(2) 9 h. 55 matin à l'Office central télégraphique.
(3) Voir n° 804, chiffre 1 et n° 859.

N° 807

Le Chef de l'Etat-Major général de l'Armée au Ministère des Affaires Etrangères (1).

Berlin, le 4 août 1914.

On doit attacher une importance militaire à l'interruption des relations du ministre de France au Luxembourg avec son Gouvernement (2). La division a été invitée à user de ména-

---

(1) D'après l'expédition. Réponse originale faite à la demande du Ministère des Affaires Etrangères. (N° 787, note 2). La date de l'arrivée manque.
(2) Voir n° 842.

gements envers les autorités luxembourgeoises dans la
mesure où cela est compatible avec nos intérêts.
Le chef de l'Etat-Major général de l'Armée.

N° 808

L'Etat-Major de la Marine
au Secrétaire d'Etat des Affaires Etrangères (1).

Absolument secret.   Berlin, le 3 août 1914 (2).
Transmission téléphonique au chef de la flotte 8 h. 50 soir.
Comme une attitude neutre de l'Angleterre est toujours
possible et doit être le but recherché de toutes ses forces par
la politique allemande, il est nécessaire, ainsi que nous
l'avons rappelé à diverses reprises, d'éviter tous mouvements
et tous actes que l'Angleterre pourrait considérer comme
dirigés contre elle. Les croiseurs auxiliaires ne doivent donc
pas sortir (3).

Etat-Major de la Marine,
P.-O. BEHNCKE.

----

(1) D'après l'expédition.
(2) Timbre d'enregistrement à l'entrée du Ministère des Affaires Etrangères : 4 août matin. L'Etat-Major de la Marine a fait parvenir la même
communication au Secrétaire d'Etat de la Marine, au chef de Cabinet de la
Marine et au chef de l'Etat-Major général.
(3) Voir n° 821.

N° 809

L'Ambassadeur à Paris
au Ministère des Affaires Etrangères (1).

Télégramme 246.   Paris, le 3 août 1914 (2).
Télégramme 192 (3) brouillé, incompréhensible ; je vous
prie de le répéter (4).   SCHOEN.

----

(1) D'après l'expédition de l'Office central télégraphique. Télégramme en
clair.
(2) Parti de Paris le 3 août (14 h. 45 = 2 h. 45) après-midi ; reçu par
l'Office central télégraphique le 4 août 9 h. 44 matin, au Ministère des
Affaires Etrangères 4 août 10 h. 6 matin.
(3) Voir nos 716 et 776.
(4) Note du bureau du Chiffre : répétition impossible.

N° 840

Le Secrétaire d'État des Affaires Étrangères à l'Ambassadeur à Londres (1).

Télégramme 226.

Berlin, le 4 août 1914 (2).

Please dispel any mistrust that may subsist on the part of British Government with regard to our intentions, by repeating most positively formal assurance that, even in the case of armed conflict with Belgium, Germany will, under no pretence whatever, annex Belgian territory. Sincerity of this declaration is borne out by fact that we solemnly pledged our word to Holland strictly to respect her neutrality. It is obvious that we could not profitably annex Belgian territory without making at the same time territorial acquisitions at expense of Holland. Please impress upon Sir E. Grey that German army could not be exposed to French attack across Belgium, which was planned according to absolutely unimpeachable information. Germany had consequently to disregard Belgian neutrality, it being for her a question of life or death to prevent French advance (3).

Foreign Secretary.
JAGOW.

Traduction

Je vous prie de dissiper les méfiances qui pourraient subsister de la part du Gouvernement britannique en ce qui concerne nos intentions, en renouvelant les assurances les plus formelles que, même dans le cas d'un conflit armé avec la Belgique, l'Allemagne, sous aucun prétexte, n'annexera de territoires belges. La sincérité de cette déclaration est établie par le fait que nous avons solennellement engagé notre parole envers la Hollande, de respecter strictement sa neutralité. Il est clair que nous ne pourrions annexer profitablement du territoire belge, sans faire en même temps des acquisitions territoriales aux dépens de la Hollande. Je vous prie de faire ressortir auprès de Sir E. Grey, qu'une armée allemande ne pouvait être exposée à une attaque française à travers la Belgique, attaque qui a été

---

(1) D'après la minute. Projet de la main de Stumm. Le télégramme est parti en clair. Imprimé sous le n° 157 au Livre Bleu anglais.

(2) 10 h. 20 matin à l'Office central télégraphique. Observation marginale de Stumm : « Envoyé à la demande instante du général de Moltke. »

(3) Voir n° 804. Cf. aussi n° 667.

projetée d'après des informations absolument dignes de foi. L'Allemagne devait, en conséquence, ne pas tenir compte de la neutralité belge, attendu que c'était pour elle une question de vie ou de mort que d'arrêter l'avance française.

JAGOW.

N° 811
Le Ministre à Bucarest
au Ministère des Affaires Etrangères (1).

Télégramme 63.
Strictement secret.   Sinaïa, le 4 août (2-3).
M. Bratiano m'a fait part ainsi qu'à mon collègue autrichien des résultats suivants du Conseil de la Couronne.

« Après un chaleureux appel du Roi en faveur de la mise en vigueur du traité, le Conseil de la Couronne, à l'unanimité moins une voix, a déclaré qu'aucun parti ne pouvait assumer la responsabilité d'un pareil acte. Le Conseil de la Couronne a décidé qu'étant donné que la Roumanie n'avait été ni avertie ni consultée pour la démarche austro-hongroise à Belgrade, le *casus fœderis* n'existait pas. Le Conseil de la Couronne a en outre résolu d'entreprendre des préparatifs militaires pour la sécurité des frontières, mesures constituant un avantage pour la Monarchie austro-hongroise, vu que ses frontières se trouvent par là couvertes sur plusieurs centaines de lieues.

« Après le Conseil de la Couronne, le

Les alliés se détachent de nous avant la guerre comme des pommes pourries !

C'est un effondrement total de la diplomatie extérieure allemande ainsi qu'austro-hongroise. Cela aurait dû et pu être évité.   G.

----

(1) D'après le déchiffrement.

(2) Remis à Sinaïa 3 h. 50 matin, parvenu au Ministère des Affaires Etrangères 10 h. 52 matin. Timbre d'enregistrement à l'entrée : 4 août après-midi. Déchiffrement envoyé à l'Empereur le 4 août, revenu le même jour au Ministère. Le télégramme a été communiqué le 5 août à l'Etat-Major général, au Ministère de la Guerre, à l'Etat-Major de la Marine et au Ministère de la Marine.

(3) Voir n° 699.

Ministère a continué à siéger et a résolu,
pour assurer à son Livre Blanc (4) un
effet plus prompt, de renoncer au point de
vue du maintien de la paix de Bucarest,
et d'admettre une intervention bulgare
en Serbie, mesure qui permettrait à l'Autriche-Hongrie de retirer du théâtre de la
guerre serbe des corps d'armée en nombre égal de ceux que la Roumanie aurait
pu envoyer sur le Pruth. En outre ce
serait la seule manière d'être absolument
sûr du côté de la Bulgarie, où autrement
l'influence russe ne permettrait pas de
sécurité. Bien entendu, tout ceci ne se
ferait que si l'attitude de la Roumanie
était considérée par les deux Empires
comme répondant aux relations amicales (5). On ne saurait exiger davantage des
sentiments chevaleresques du Roi sans
dépasser les bornes du possible. »

Le Président du Conseil des Ministres a ajouté qu'il avait
déjà ordonné le renforcement des corps de troupes qui sera
suivi prochainement (6) de la mobilisation générale.

Bratiano ne se propose de publier qu'une courte note sur
les mesures à prendre pour la sécurité des frontières. Pour ne
pas rendre la situation plus défavorable pour nous, je conseille de ne pas publier le traité. Peut-être, dans une phase
ultérieure de la guerre, sera-t-il encore possible à la Roumanie de se prononcer contre la Russie (7).

Waldthausen.

---

(4) Dans une copie du déchiffrement, les mots « à son Livre Blanc » ont
été remplacés par Bergen, conformément au sens, par « à son action »

(5) Voir nᵒˢ 847 et 864.

(6) D'après un télégramme du chargé d'affaires allemand à Sinaïa du
4 août (remis 6 h. 2 après-midi, parvenu au Ministère des Affaires Étrangères 10 h. 10 soir. Timbre d'enregistrement à l'entrée : 4 août, le mot
« prochainement » est à rayer.

(7) Voir le nᵒ 841 qui, dans sa première partie reproduit ce télégramme
presque mot pour mot.

N° 812

Note du Comte Mirbach, Conseiller référendaire au Ministère des Affaires Etrangères (1).

Berlin, le 4 août 1914.

Le chargé d'affaires du Luxembourg a demandé instamment qu'on garantît la continuation sans trouble des travaux de la moisson sur les *deux* rives de la Moselle (ce sont surtout des femmes et des enfants qui s'y livrent). Le Ministère des Affaires Etrangères et le Secrétaire d'Etat se montrent favorables à cette proposition. Nous espérons qu'il en sera de même de l'Etat-Major général (2).

V. MIRBACH.

---

(1) De la main de Mirbach. Le comte de Villers, chargé d'affaires du Luxembourg, à Berlin, avait remis le télégramme suivant du Ministre d'Etat du Luxembourg Eyschen, remis à Luxembourg le 3 août 5 h. 10 après-midi, parvenu à Berlin le 3 août 6 h. 45 après-midi : « Je vous prie de demander de la façon la plus instante que l'importation de vivres en Luxembourg soit facilitée et encouragée. La situation aboutira à la famine. Signé : Ministre d'Etat, EYSCHEN. »

(2) Le 4 août 11 heures matin, de Thermann, attaché au Ministère des Affaires Etrangères a consigné l'observation suivante : « Communiqué téléphoniquement à l'Etat-Major général. On adressera un rapport à ce sujet au chef de l'Etat-Major général. » Au dessous, l'annotation de Thermann : « J'en ai parlé à Son Excellence, M. de Villers. » Voir nᵒˢ 813 et 822.

N° 813

Le Grand Etat-Major général au Ministère des Affaires Etrangères (1).

Berlin, le 4 août 1915 (2).

L'Etat-Major général fait part de ce qui suit : (3).

Le ravitaillement en Luxembourg s'opère sans difficulté ; il

---

(1) D'après une note de de Thermann attaché au Ministère des Affaires Etrangères.

(2) La première partie a été écrite à 11 h. 15 matin et la suite à 3 heures après-midi par Thermann. Dans les Archives se trouve une note de Mirbach du 4 août : « Le Grand Etat-Major général examine la question de l'envoi d'un train de ravitaillement en Luxembourg. »

(3) Voir nᵒˢ 812 et 822.

se fait dans le pays même exclusivement contre paiement au comptant, et seulement dans la mesure où cela est possible sans difficulté. Pour de plus amples ravitaillements, les trains de ravitaillement arriveront aujourd'hui et demain. Pour les troupes qui suivront, on a pris des mesures étendues, magasins, etc., de sorte que le ravitaillement des troupes soit complètement indépendant des ressources du pays.

Il y a si peu de difficultés dans le ravitaillement qu'hier, par exemple, on a offert de grandes provisions de viande fraîche.

L'État-Major général est favorable à la continuation des travaux de la moisson.

Continuation.

L'État-Major général informe qu'il adressera des instructions au commandant supérieur en Luxembourg l'invitant à ménager les approvisionnements et à favoriser les travaux de la moisson.

Au sujet de l'extension des interdictions d'exportation, nous adresserons une communication ultérieure.

N° 814
Le Chancelier de l'Empire
à l'Ambassadeur à Vienne (1).

Télégramme 234.

Berlin, le 4 août 1914 (2).

Nous sommes forcés par l'action de l'Autriche à faire la guerre et nous sommes en droit d'espérer que l'Autriche ne cherchera pas à dissimuler ce fait, mais annoncera ouvertement qu'une menace d'intervention dans le conflit serbe (mobilisation contre l'Autriche) force l'Autriche à la guerre (3).

Bethmann Hollweg.

---

(1) D'après la minute. Projet de la main de Jagow.
(2) 11 h. 40 matin à l'Office central télégraphique.
(3 Voir n° 77².

N° 815
L'Ambassadeur à Constantinople
au Ministère des Affaires Etrangères (1).

Télégramme 417.

Secret.   Therapia, le 3 août 1914 (2).

Comme j'interpellais vivement aujourd'hui le marquis Garroni au sujet de l'attitude de l'Italie, mon collègue essaya d'abord, comme ambassadeur, d'excuser son Gouvernement; mais il me dit ensuite que, comme homme privé, il désapprouvait de la façon la plus formelle l'attitude de San Giuliano et qu'il le lui avait télégraphié. L'abstention de l'Italie jetterait sur l'honneur national de l'Italie une tache qui ne s'effacerait jamais. Lui-même, depuis plusieurs mois, ne s'entendait pas avec San Giuliano, et lui avait offert par deux fois, la dernière il y a quelques jours seulement, sa démission, qui n'avait pas été acceptée. Il télégraphierait immédiatement mon appréciation à Rome, mais il demandait instamment que Berlin agit aussi vigoureusement que possible sur San Giuliano qui pouvait supporter une forte pression. Lui-même croyait que l'Italie finirait par marcher.

WANGENHEIM.

(1) D'après le déchiffrement.

(2) Remis à Therapia 3 août 2 h. 40 après-midi, parvenu au Ministère des Affaires Etrangères 4 août 11 h. 45 matin. Timbre d'enregistrement à l'entrée : 4 août après-midi. Communiqué le 4 août à l'Etat-Major général, au Ministère de la Guerre, à l'Etat-Major de la Marine et au Ministère de la Marine. Télégraphié par Jagow, avec quelques abréviations, le 4 août à l'ambassadeur à Rome, 8 h. 35 après midi à l'Office central télégraphique.

N° 816
Le Secrétaire d'Etat des Affaires Etrangères
au Ministre à Sofia (1).

Télégramme 51.   Berlin, le 4 août 1914 (2).

Le baron de Wangenheim annonce (3) :

« D'après les instructions de l'ambassade d'Autriche-

(1) D'après la minute. Projet de la main de Zimmermann.

(2) 11 h. 50 matin à l'Office central télégraphique.

(3) Voir n° 795, avant-dernier paragraphe.

Hongrie, le ministre de Bulgarie, soutenu par le marquis Pallavicini et par moi, reprendra les négociations d'alliance avec la Porte. Nous n'avons pas de nouvelle que le ministre de Bulgarie ait reçu des instructions à cet effet. Tout dépend de la rapidité des décisions et des actes bulgares. »

Je vous prie d'insister sur la rapide conclusion de nos négociations et des négociations bulgaro-turques. Il semble que la Russie, par de larges concessions veuille gagner la Bulgarie.

Jagow.

N° 817
Le Secrétaire d'État des Affaires Étrangères à l'Ambassadeur à Vienne (1).

Télégramme 235.

Berlin, le 4 août 1914 (2).

Je télégraphie à Sofia :

« Le baron de Wangenheim annonce..... gagner la Bulgarie (3). »

Je vous prie d'inviter instamment Vienne à donner des instructions identiques (4).

Jagow.

(1-2) Comme au n° 816.
(3) Insertion du n° 816.
(4) Voir n° 861.

N° 818
L'Ambassadeur à Vienne au Ministère des Affaires Étrangères (1).

Télégramme 164.

Vienne, le 4 août 1914 (2).

Le télégramme 232 (3), information de l'aide de camp de

---

(1) D'après le déchiffrement.
(2) Remis à Vienne 11 heures matin, parvenu au Ministère des Affaires Étrangères 12 h. 55 après-midi. Timbre d'enregistrement à l'entrée : 4 août après-midi.
(3) Voir n° 771 et note 2.

Kleist, est-il destiné à être communiqué au comte Berchtold ? (4)

Tschirschky.

---

(4) Là-dessus, réponse à l'ambassade à Vienne d'après un projet de la main de Bergen signé par Zimmermann, 4 août 7 h. 10 soir à l'Office central télégraphique : « Je vous prie de communiquer confidentiellement. »

N° 819

**L'Ambassadeur à Londres
au Ministère des Affaires Étrangères** (1).

Télégramme 247.

Londres, le 4 août 1914 (2).

Pour l'État-Major de la Marine, le Ministère de la Marine et l'État-Major général.

D'après la déclaration d'hier de Sir E. Grey au Parlement (3), on ne peut plus compter sur la neutralité durable de l'Angleterre. On ne peut prévoir encore le jour de la rupture des relations diplomatiques. D'après l'opinion de l'ambassadeur chaque jour de plus où l'Angleterre reste neutre est un avantage ; c'est pourquoi il faudrait éviter le plus possible toute provocation par des actes de notre flotte contre l'Angleterre.

L'Attaché naval,
Lichnowsky.

---

(1) D'après le déchiffrement.

(2) Remis à Londres 10 h. 47 matin, parvenu au Ministère des Affaires Étrangères 1 h. 21 après-midi. Timbre d'enregistrement à l'entrée : 4 août après-midi. Déchiffrement envoyé le 4 août à l'Empereur. Communiqué le 4 août à l'État-Major général, au Ministère de la Guerre, à l'État-Major de la Marine et au Ministère de la Marine.

(3) Voir n°s 820 et 835.

N° 820
L'Ambassadeur à Londres
au Ministère des Affaires Etrangères (1).

Télégramme 245.

Londres, le 4 août 1914 (2-3).

Hier je ne connaissais pas l'ensemble du discours de Sir
E. Grey dont je n'avais reçu qu'un court résumé parlementaire mais, après la publication de son texte intégral paru
aujourd'hui, je dois rectifier mon opinion d'hier, et déclarer
que je ne crois pas que nous puissions compter bien longtemps sur la neutralité de l'Angleterre (3).

Comme j'en ai informé à diverses reprises Votre Excellence, la question de la violation de la neutralité belge était
un des points les plus importants pour que l'Angleterre restât
sur la réserve. M. Asquith comme Sir E. Grey avaient attiré
mon attention sur ce point et j'ai pu constater hier, avant
la séance (4) que Sir E. Grey, par suite de la violation du
territoire belge par nos troupes, se trouvait dans un état de
profonde surexcitation.

Sous quelle forme se produira cette intervention britannique et celle-ci suivra-t-elle immédiatement? C'est une chose
que je ne puis apprécier. Mais je ne vois pas, après examen
de ce discours dont je ne connaissais hier que des extraits,
comment le Gouvernement britannique pourrait reculer si
nous n'étions pas en mesure d'évacuer dans le plus bref délai
le territoire belge. Nous devons, par suite, nous attendre à
compter bientôt l'Angleterre comme un adversaire. L'accueil

---

(1) D'après le déchiffrement.

(2) Remis à Londres 10 h. 2 matin, parvenu au Ministère des Affaires
Etrangères 1 h. 37 après-midi. Timbre d'enregistrement à l'entrée : 4 août
après-midi. Déchiffrement envoyé à l'Empereur le 4 août.

(3) Voir n° 801 et 835.

(4) Conformément à une rectification télégraphique de Lichnowsky (remise
à Londres 12 h. 40 après-midi, parvenue au Ministère des Affaires Etrangères
4 h. 59 après midi. Timbre d'enregistrement à l'entrée : 4 août après-midi),
il faut lire « avant la séance » au lieu de « dans le journal » qu'on avait pri-
mitivement télégraphié.

qu'a reçu à la Chambre le discours de Sir E. Grey signifie que
le Gouvernement, sauf l'aile gauche de son propre parti, aura
derrière lui l'immense majorité du Parlement dans une politique active ayant pour but de protéger la France et la Belgique.

Les nouvelles parvenues hier sur l'invasion des troupes
allemandes en Belgique ont retourné complètement l'opinion
publique contre nous. L'appel en termes émus du Roi des
Belges fortifie beaucoup cette impression.

LICHNOWSKY.

N° 821

**L'Etat-Major de la Marine
au Chancelier de l'Empire (1).**

Strictement secret.   Berlin, le 2 août 1914 (2).

Le télégramme suivant a été envoyé à 11 h. 10 matin au
commandement de la flotte, à la station de la Mer du Nord, au
commandant des forces de mer de la Baltique et à la station
de la Baltique :

« Le début des hostilités contre la France sera probablement le 3 août. Il faut nous attendre immédiatement à une
intervention ennemie de l'Angleterre. Comme la décision de
l'Angleterre est encore en suspens, il faut éviter provisoirement à tout prix des mesures hostiles à l'Angleterre (3) »

Le secret s'impose encore.

Etat-Major de la Marine.
Par ordre : BEHNCKE.

---

(1) D'après l'expédition.

(2) Timbre d'enregistrement à l'entrée du Ministère des Affaires Etrangères : 4 août après-midi. La même communication a été adressée par l'Etat-
Major de la Marine, au chef du Cabinet de la Marine, au Secrétaire d'Etat
des Affaires Etrangères et au Secrétaire d'Etat de la Marine.

(3) Voir n° 808.

N° 822

Le Chef de l'Etat-Major général de l'Armée
au Ministère des Affaires Etrangères (1).

Berlin, le 4 août 1914 (2-3).

Les troupes allemandes en Luxembourg ont reçu l'ordre de ne prendre des denrées d'alimentation que contre paiement immédiat au comptant, si l'on peut trouver à en acheter. Il n'existe pas encore de difficultés sous ce rapport, ainsi qu'il résulte du fait qu'hier soir on a fait aux troupes des offres de vente de détail.

Pour éviter toutes difficultés possibles, on a organisé un magasin à Grevenmacher. Deux trains de ravitaillement ont été commandés, et arriveront aujourd'hui et demain.

Le travail au Luxembourg, et spécialement le travail de la moisson, ne seront (4) aucunement troublés par les troupes allemandes.

P. O.

V. STEIN.

____

(1) D'après l'expédition.

(2) Timbre d'enregistrement à l'entrée du Ministère des Affaires Etrangères : 4 août après-midi. Conformément à une note marginale de Mirbach du 5 août 10 h. 30 (l'indication du jour manque) cette dépêche a été communiquée au chargé d'affaires au Luxembourg.

(3) Voir n°ˢ 812 et 813.

(4) Sic dans l'expédition.

N° 823

L'Ambassadeur d'Angleterre
au Ministère des Affaires Etrangères (1).

[Berlin, le 4 août 1914 (2)].

AIDE-MÉMOIRE

Sir Edward Goschen has been informed by Sir Edward Grey that His Majesty the King of the Belgians has addressed to

____

(1) D'après l'expédition non signée.

(2) La date est, dans l'original, sous le texte. Observation marginale de Jagow en date du 4 août : « Remis cet après-midi par Sir E. Goschen ».

His Majesty King George an appeal for diplomatic intervention on behalf of Belgium.

His Majesty's Government are also informed that a Note has been delivered to the Belgian Government by the German Government proposing friendly neutrality entailing free passage through Belgian territory, and promising to maintain at the conclusion of peace the independence and integrity of the Kingdom and its possessions, threatening to treat Belgium as an enemy in case of refusal. It was requested that an answer might be returned within twelve hours.

Her Majesty's Government also understand that this request has been categorically refused by Belgium as a flagrant violation of the Law of Nations.

Sir Edward Grey states that His Majesty's Government are bound to protest against this violation of a Treaty to which Germany is a party in common with themselves, and that they must request an assurance that the demand made upon Belgium will not be proceeded with and that Germany will respect the neutrality of Belgium.

Sir Edward Goschen is instructed to ask for an immediate reply (3).

Traduction.

Sir Edward Goschen a été informé par Sir Edward Grey que Sa Majesté le Roi des Belges a adressé à Sa Majesté le Roi Georges un appel invoquant l'intervention diplomatique en faveur de la Belgique.

Le Gouvernement de Sa Majesté est aussi informé qu'une note a été remise au Gouvernement belge par le Gouvernement allemand proposant une neu-

----

Timbre d'enregistrement à l'entrée du Ministère des Affaires Étrangères : 4 août après-midi. Soumis le 4 août à l'Empereur qui a noté : « 7 h. soir et, par décision marginale, a ordonné qu'il fût adressé au chef d'État-Major général pour qu'il en prît connaissance. L'expédition a été retournée au Ministère par l'État-Major général le 5 août. Jagow a noté sur l'expédition : « J'ai répondu à Sir E. Goschen que nous avions dû attenter à la neutralité belge par suite des nécessités de légitime défense ; j'ai exposé toutes les raisons qui nous y contraignaient et renouvelé toutes les assurances que nous avions données à Londres. Jagow ».

(3) Cf. Livre Bleu anglais n⁰ˢ 153 et 160. Voir n⁰ 839.

tralité amicale avec libre passage à travers le territoire belge et promettant de maintenir à la conclusion de la paix l'indépendance et l'intégrité du Royaume et de ses possessions, menaçant de traiter la Belgique en ennemie, en cas de refus. On exigeait une réponse dans le délai de douze heures.

Le Gouvernement de Sa Majesté apprend que la Belgique a rejeté catégoriquement cette demande comme constituant une violation flagrante du droit des gens.

Sir Edward Grey déclare que le Gouvernement de Sa Majesté est tenu de protester contre cette violation d'un traité auquel l'Allemagne est partie comme lui-même, et qu'il doit réclamer l'assurance que les exigences adressées à la Belgique ne seront pas maintenues, et que l'Allemagne respectera la neutralité de la Belgique.

Sir Edward Goschen est chargé de demander une réponse immédiate.

N° 824

L'Ambassadeur d'Angleterre
au Ministère des Affaires Etrangères (1).

[Berlin, le 4 août 1914 (2)].

Aide-Mémoire

His Majesty's Government continue to receive numerous complaints from British firms as to the detention of their ships at Hamburg, Cuxhaven and other German ports. His Majesty's Government consider that this action on the part of the German authorities is totally injustifiable. It is in direct contravention of International Law and of the assurances given to Sir Edward Goschen by the Imperial Chancellor.

Sir Edward Goschen is instructed to demand the immediate release of all British ships if such release has not yet been given.

Traduction.

Le Gouvernement de Sa Majesté continue à recevoir de nombreuses plaintes de maisons anglaises relativement à la détention de leurs navires à Hambourg, Cuxhaven et dans d'autres ports allemands. Le Gouvernement de Sa Majesté considère que ces actes, de la part des autorités allemandes,

---

(1) D'après l'expédition non signée. Cf. Livre Bleu anglais n° 156.

(2) La date, dans l'original, est sous le texte. Timbre d'enregistrement à l'entrée du Ministère des Affaires Etrangères : 4 août après-midi.

sont absolument injustifiables. C'est une violation nette du droit des gens et des assurances données à Sir Edward Goschen par le Chancelier de l'Empire.

Sir Edward Goschen a été chargé de demander la libération immédiate de tous les navires britanniques, si cette libération n'a pas encore été ordonnée.

N° 825

Le Chef de l'Etat-Major général de l'Armée au Ministère des Affaires Etrangères (1).

Berlin, le 31 juillet 1914 (2).

Télégramme de Vienne arrivé à 8 heures matin.

« En vertu d'une décision suprême, il a été décidé d'exécuter la guerre contre la Serbie. Mobilisation du reste de l'armée et rassemblement en Galicie. Premier jour de la mobilisation : 4 août. L'ordre de mobilisation sera lancé aujourd'hui 31 juillet. Nous vous prions de faire connaître le premier jour de la mobilisation là-bas ».

Le chef de l'Etat-Major général.

______

(1) D'après l'expédition envoyée par la section 3 b du Grand Etat-Major général à la division centrale du Grand Etat-Major général.

(2) Date de la note à l'Etat-Major général où le télégramme a été remis 31 juillet 10 h. 45 matin. Observation marginale de de Moltke : « Communication du chef de l'Etat-Major général autrichien, au chef de l'Etat-Major général prussien. A considérer comme strictement confidentielle, de Moltke ». Timbre d'enregistrement à l'entrée du Ministère des Affaires Etrangères : 4 août après midi.

N° 826

L'Ambassade d'Autriche-Hongrie au Ministère des Affaires Etrangères (1).

Berlin, le 4 août 1914 (2).

Note.

Le comte Czernin annonce de Bucarest, le 2 de ce mois, que Sa Majesté, le Roi Carol lui a montré le télégramme de

______

(1) D'après l'expédition non signée.

(2) Timbre d'enregistrement à l'entrée du Ministère des Affaires Etrangères : 4 août après-midi.

Sa Majesté Apostolique Impériale et Royale et a ajouté que *ce n'était qu'après le Conseil de la Couronne de demain*, renforcé par les membres de l'opposition, qu'il pourrait donner *dans le plus bref délai, une réponse définitive*. Il insisterait énergiquement sur l'observation du traité. Il était de tout cœur du notre côté.

Le télégramme circonstancié du comte Czernin a été lu et approuvé par Sa Majesté le Roi Carol (3).

(3) Cf. n° 841.

N° 827
Note du Conseiller de légation Esternaux.

Berlin, le 4 août 1914 (1).

Non publié par Wolff.

Havas annonce de Copenhague :

L'Italie a notifié officiellement sa neutralité à Paris (2). Le Gouvernement français a accepté cette communication avec des remerciements émus.

(1) De la main d'Esternaux. Timbre d'enregistrement à l'entrée du Ministère des Affaires Étrangères : 4 août après-midi.
(2) Cf. n° 757.

N° 828
L'Ambassade d'Autriche-Hongrie
au Ministère des Affaires Etrangéres (1).

Strictement secret. Berlin, le 4 août 1914 (2).

Note.

L'ambassadeur impérial et royal à Constantinople a été autorisé par le comte Berchtold à notifier au Gouvernement turc l'accession de l'Autriche-Hongrie au traité germano-turc immédiatement après sa ratification (3).

(1) D'après l'expédition non signée.
(2) Timbre d'enregistrement à l'entrée du Ministère des Affaires Etrangères : 4 août après-midi.
(3) Voir n° 733.

N° 829

Le Secrétaire d'Etat des Affaires Etrangères à l'Ambassadeur à Londres (1).

Télégramme 229.   Berlin, le 4 août 1914 (2).
Declarations Bethmann Reichstag to-day,

We are in selfdefence and needs must. Our troops have occupied Luxemburg and perhaps already have entered Belgian territory. This is an infraction to international law. Though the French Government have declared in Brussels to be willing to respect Belgiums neutrality as long as the adversary would respect it, we knew that France was ready for invasion. France was able to wait, we were not. A French aggression into our flank on the lower Rhine would have been disastrous. We were therefore compelled to overrule the legitimate protest of the Luxemburg and Belgian Governments.

We shall repair the wrong which we are doing, as soon as our military aims have been reached. Anybody threatened as we are and fighting for his most sacred goods must only think of pulling through.

As to the attitude of England, the statement made by Sir Edward Grey in the House of Commons has clearly laid down the point of view taken by the British Government (3) that as long as England will keep neutral our fleet would (4) not attack the northern coast of France and that we would not touch the territorial integrity and the independence of Belgium. I herewith repeat this declaration publicly before the

---

(1) D'après un projet dactylographié qu'on a comparé avec les archives de l'ambassade allemande à Londres. Le titre « Declarations... to day » a été ajouté de la main du conseiller de légation Heilbron.

(2) 4 h. 5 après-midi à l'Office central télégraphique. Le télégramme a été expédié en clair.

(3) Dans un nouveau télégramme en clair de Jagow 250 (brouillon de la main de Radowitz 4 août 7 h. matin à l'Office central télégraphique conformément au discours du Chancelier de l'Empire on a intercalé entre « British Government » et « that » la phrase suivante : « We have declared to the British Government. »

(4) « would », en marge au crayon bleu, « will ».

whole world and I may add that as long as England keeps
neutral we would be willing, in case of reciprocity, not to
undertake any hostile operations against the French com-
mercial navigation.

JAGOW.

Traduction.

(Autant que possible, d'après les procès-verbaux sténographiques des
débats du Reichstag, Vol. 306, p. 6 et 7.)
Déclaration de Bethmann à la séance du Reichstag d'aujourd'hui.

Nous sommes en état de légitime défense et nécessité n'a pas de loi. Nos
troupes ont occupé Luxembourg et peut-être ont déjà pénétré sur le territoire belge. Ceci est une infraction au droit des gens. Bien que le Gouvernement français ait déclaré à Bruxelles qu'il était disposé à respecter la neutralité belge aussi longtemps que l'adversaire la respecterait, nous savions
que la France était prête à l'invasion. La France pouvait attendre, nous ne
le pouvions pas. Une agression française sur notre flanc, sur le bas-Rhin,
aurait été désastreuse. Nous étions, par conséquent, obligés de passer outre
aux protestations légitimes des Gouvernements belge et luxembourgeois. Nous réparerons les torts que nous avons commis aussitôt que nos
buts militaires auront été atteints. Quiconque est menacé comme nous le
sommes, et combat pour ses biens les plus sacrés, ne doit songer qu'à faire
sa trouée.

Quant à l'attitude de l'Angleterre, la déclaration faite par Sir E. Grey à
la Chambre des Communes a clairement exposé le point de vue du Gouvernement britannique, qu'aussi longtemps que l'Angleterre restera neutre,
notre flotte n'attaquera pas les côtes nord de la France et nous ne tou-
cherons pas à l'intégralité territoriale ni à l'indépendance de la Belgique.
Je répète ici publiquement cette déclaration devant le monde entier, et je
puis ajouter qu'aussi longtemps que l'Angleterre restera neutre, nous
serons disposés, en cas de réciprocité, à ne pas entreprendre d'hostilités
contre la marine marchande française. JAGOW.

N° 830
Le Ministère des Affaires Étrangères
au Ministre à Bucarest (1).

Télégramme 76.

Berlin, le 4 août 1914 (2).

Pour utilisation strictement confidentielle.

D'après nos renseignements, on peut compter avec certi-

---

(1) D'après un projet de la main de Rosenberg. Le télégramme est parti,
sur l'ordre de Zimmermann « sans signature. »
(2) 4 h. 10 après-midi à l'Office central télégraphique.

tude que la Turquie et la Bulgarie, le cas échéant, aideront la
Roumanie à conquérir la Bessarabie (3).

---

(3) Voir n° 795 avant-dernière phrase.

N° 831
L'Ambassadeur à Londres
au Ministère des Affaires Etrangères (1).

Télégramme 249.

Londres, le 4 août 1914 (2).

Pour l'Etat-Major de la Marine :

Des navires et destroyers anglais sont partis hier soir de
Douvres.

L'attaché naval,
LICHNOWSKY.

---

(1) D'après le déchiffrement.
(2) Remis à Londres 1 h. 30 après-midi, parvenu au Ministère des Affaires Etrangères 4 h. 25 après-midi. Timbre d'enregistrement à l'entrée : 4 août après-midi. Communiqué le 4 août à l'Etat-Major général, au Ministère de la Guerre, à l'Etat-Major de la Marine et au Ministère de la Marine; informé en outre l'Etat-Major de la Marine par téléphone le 4 août.

N° 832
Le Ministre des Affaires Etrangères
au Ministre à Athènes (1).

Télégramme 111.

Urgent.

Berlin, le 4 août 1914 (2).

Pour utilisation strictement confidentielle.

Le ministre impérial à Bucarest apprend que la Russie a
offert au Gouvernement bulgare toute la Macédoine (3).

---

(1) D'après la minute de la main de Rosenberg. Parti sur l'ordre de Zimmermann sans signature.
(2) 4 h. 25 après-midi à l'Office central télégraphique.
(3) Voir n° 794.

No 833
Le Ministre à Bucarest
au Ministère des Affaires Etrangères (1).

Télégramme 65.

Secret.   Sinaïa, le 4 août 1914 (2).

D'après mes informations, si l'Autriche promet à l'Italie le Trentin et la ligne de l'Isonzo, l'Italie assistera l'Autriche comme un seul homme. Cela répondrait aux conceptions de l'opinion publique et du Gouvernement en Italie. Je vous prie de n'indiquer à personne, particulièrement pas à Rome, que cette idée vient de Bucarest.

Après mon audience d'hier chez le Roi, et avant le Conseil de la Couronne (3), l'Italie avait fait ici part officiellement de sa neutralité. Le manifeste très loyaliste des Roumains de Transylvanie serait dû d'après le Roi à des influences partant du Royaume.

WALDTHAUSEN.

---

(1) D'après le déchiffrement.

(2) Remis à Sinaïa à midi. Parvenu au Ministère des Affaires Etrangères 4 h. 37 après-midi. Timbre d'enregistrement à l'entrée : 4 août après-midi.

(3) Voir no 811.

No 834
La Commission du Sénat de la Ville libre et hanséatique de Hambourg pour les Affaires de l'Empire et les Affaires Etrangères, au Ministère des Affaires Etrangères (1).

Télégramme (sans numéro).

Hambourg, le 4 août 1914 (2).

Le consul général de France Claudel avec tout le personnel

---

(1) D'après la copie de l'Office central télégraphique. Télégramme en clair.

(2) Remis à Hambourg 3 h. 18 après-midi, parvenu au Ministère des Affaires Etrangères : 4 h. 56 après-midi. Timbre d'enregistrement à l'entrée : 4 août après-midi.

du consulat général est parti aujourd'hui à midi quatre minutes par Neumünster à destination de Vamdrup. Le temps et
la route ont été proscrits par le commandement général
d'Altona auquel on en a référé.

La Commission du Sénat pour les Affaires Etrangères.

N° 835

L'Ambassadeur à Londres
au Ministère des Affaires Etrangères (1).

Télégramme 250.

Londres, le 4 août 1914 (2).

Je viens d'apprendre que le ministre de Belgique a signalé au Foreign Office l'entrée des troupes allemandes en Belgique.

Mon entretien avec Sir William Tyrrell confirme mon impression, qu'après réception de la nouvelle des premiers engagements sérieux entre les troupes allemandes et belges, on ne pourra compter sur la continuation de la neutralité anglaise, et que la rupture des relations diplomatiques sera imminente (3).

LICHNOWSKY.

Enfin il finira par le croire ! pattere Lichnowsky.

(1) D'après le déchiffrement.

(2) Remis à Londres 2 h. 23 après-midi, parvenu au Ministère des Affaires Etrangères 5 h. 39 après-midi. Timbre d'enregistrement à l'entrée : 4 août après-midi. Le déchiffrement a été soumis le 4 août à l'Empereur, revenu le même jour au Ministère. Le télégramme a été communiqué le 4 août à l'Etat-Major général, au Ministère de la Guerre, à l'Etat-Major de la Marine et au Ministère de la Marine.

(3) Voir n°° 819 et 820.

N° 836

Le Secrétaire d'Etat des Affaires Etrangères
à l'Ambassadeur à Constantinople (1).

Télégramme 313.

Urgent.   Berlin, le 4 août 1914 (2).
Secret.

Il est possible que l'Angleterre nous déclare la guerre
aujourd'hui ou demain. Pour éviter que la Porte sous l'impression de l'attitude anglaise ne se détache de nous au dernier moment, une déclaration de guerre de la Turquie à la
Russie, aujourd'hui même si possible (3), paraît d'une grande
importance.

JAGOW.

---

(1) D'après la minute. Projet de la main de Rosenberg avec corrections
de la main de Zimmermann. Voir n° 795.

(2) 6 h. 8 après-midi à l'Office central télégraphique.

(3) « aujourd'hui même si possible » ajouté de la main de Zimmermann.

N° 837

Le Roi des Belges à l'Empereur (1).

Télégramme (sans numéro).

Bruxelles, le 4 août 1914 (2).

Sa Majesté l'Empereur,   Berlin.

Les sentiments d'amitié que j'ai exprimés à Votre Majesté
et ceux qu'Elle m'a maintes fois prodigués, les relations si
cordiales de nos deux Gouvernements, l'attitude toujours correcte de la Belgique contre laquelle l'Allemagne n'a jamais
pu articuler le moindre grief, ne me permettaient pas de
supposer un instant que Votre Majesté nous forcerait cruelle-
ment de choisir à la face de l'Europe entière entre la guerre

---

(1) D'après la copie de l'Office télégraphique du Château de Berlin.
Télégramme en clair.

(2) Remis à Bruxelles, le 4 août 4 h. 15 après-midi, parvenu à l'Office
télégraphique du Château de Berlin 6 h. 20 après-midi. Renvoyé par l'Empereur au Ministère des Affaires Etrangères le 4 août. Timbre d'enregistrement à l'entrée : 4 août après-midi.

et la perte de l'honneur, entre le respect des traités et la
méconnaissance de nos devoirs internationaux (3).

ALBERT.

---

(3) Reproduction littérale de l'original en français (Note du Traducteur.)

N° 838
Le Ministre à Christiania
au Ministère des Affaires Etrangères (1).

Télégramme 29   Christiania, le 4 août 1914 (2).

La neutralité italienne a été annoncée aujourd'hui verbalement au Gouvernement norvégien par le ministre d'Italie (3).

OBERNDORFF.

---

(1) D'après le déchiffrement.
(2) Remis a Christiania 3 h. après-midi, parvenu au Ministère des
Affaires Etrangères 6 h. 55 après-midi. Timbre d'enregistrement à l'entrée :
4 août après-midi. Communiqué le 4 août à l'Etat-Major général, au Ministère de la Guerre, à l'Etat-Major de la Marine et au Ministère de la Marine.
(3) Voir n° 757.

N° 839
L'Ambassadeur d'Angleterre
au Ministère des Affaires Etrangères (1).

Berlin, le 4 août 1914 (2).

Aide Mémoire

His Majesty's Government hear that Germany has addressed a Note to the Belgian Minister for Foreign Affairs stating
that the German Government will be compelled to carry out,
if necessary by force of arms, measures which they consider
indispensable.

---

(1) D'après l'expédition non signée.
(2) Le lieu et la date dans l'original se trouvent sous le texte. Note du
Secrétaire d'Etat : « Remis à 7 heures du soir par Sir E. Goschen.
Jagow. » Timbre d'enregistrement à l'entrée du Ministère des Affaires
Etrangères : 4 août après-midi. L'expédition a été soumise le 4 août à l'Em-
pereur qui a mis en note : « 7 h. 45 soir. G. » et qui par une décision

His Majesty's Government are also informed that Belgian territory has been violated at Gemmerich (3).

In these circumstances, and in view of the fact that Germany declined (4) to give the same assurance respecting Belgium as France gave last week in reply to the request made simultaneously at Berlin and Paris, His Majesty's Government must repeat that request and ask that a satisfactory reply to it and to the communication made by Sir Edward Goschen earlier in the afternoon be received in London by twelve o'clock to night. If not, Sir Edward Goschen is instructed to ask for his Passports and to say that His Majesty's Government feel bound to take all steps in their power to uphold the neutrality of Belgium and the observance of a Treaty to which Germany is as much a party as His Majesty's Government (5).

Traduction.

Le Gouvernement de Sa Majesté apprend que l'Allemagne a adressé une note au Ministre des Affaires Étrangères de Belgique, déclarant que le Gouvernement allemand sera forcé d'exécuter, au besoin par la force des armes, les mesures qu'il considère comme indispensables.

Le Gouvernement de Sa Majesté est également informé que le territoire belge a été violé à Gemmenich.

Dans ces conditions, et vu le fait que l'Allemagne a refusé de donner en ce qui concerne la Belgique les mêmes assurances que celles que la France a données la semaine dernière, en réponse à la question posée simultanément à Berlin et à Paris, le Gouvernement de Sa Majesté doit réitérer cette question et requérir qu'une réponse satisfaisante à cette demande et à la communication faite par Sir Edward Goschen dans les premières heures de l'après-midi soit reçue à Londres à minuit. Dans le cas contraire Sir Edward Goschen a pour instructions de réclamer ses passeports et de déclarer que le Gouvernement de Sa Majesté se considère comme tenu de prendre toutes les mesures en son pouvoir pour maintenir la neutralité de la Belgique et l'observation d'un traité auquel l'Allemagne est partie tout autant que le Gouvernement de Sa Majesté.

---

marginale a ordonné : « Adresser une copie au chef de l'État-Major général », revenu au Ministère le 4 août 8 h. 28 soir. Des copies ont été envoyées le 5 août par messagers, au chef de l'État-Major général à 10 h. 3o soir, au Ministère de la Guerre, au Secrétaire d'État de la Marine et au chef de l'État-Major de la Marine, à 8 h. soir.

(3) *Sic* dans l'expédition au lieu de Gemmenich.

(4) Voir n° 823, note 2.

(5) Cf. aussi Livre Bleu anglais de 1914, N°s 159 et 160.

N° 840
L'Ambassadeur à Vienne
au Ministère des Affaires Étrangères (1).

Télégramme 166.

Vienne, le 4 août 1914 (2).

D'après un télégramme du baron de Mérey parvenu aujourd'hui, le marquis de San Giuliano lui aurait avoué que le motif déterminant de la neutralité de l'Italie, serait le mauvais état de l'armée et spécialement le fait que d'après tous les renseignements du Ministère de l'Intérieur, des mouvements révolutionnaires seraient à craindre en cas de mobilisation (3).

Le baron de Mérey fait observer en outre qu'une partie notable de la presse, entre autres le « Popolo Romano », se prononce provisoirement *contre* la politique de la neutralité.

Sottises !!
Mais elle agit d'accord avec l'Angleterre.

Officieusement on répand le bruit que l'Italie par sa neutralité veut assurer le *maintien par l'Angleterre de la même attitude.*

TSCHIRSCHKY.

---

(1) D'après le déchiffrement.

(2) Remis à Vienne 4 h. 4 après-midi, parvenu au Ministère des Affaires Étrangères 7 h. 40 soir. Timbre d'enregistrement à l'entrée : 4 août après-midi. Le déchiffrement a été envoyé le 5 août à l'Empereur et est revenu le 5 août au Ministère. Communiqué le 4 août à l'État-Major général, au Ministère de la Guerre, à l'État-Major de la Marine et au Ministère de la Marine.

(3) Voir n°s 614, 745 et 748.

Doc. IV.

6

N° 841
L'Ambassadeur à Vienne
au Ministère des Affaires Etrangères (1).

Télégramme 167   Vienne, le 4 août 1914 (2).

Le comte Czernin télégraphie de Bucarest :

« Après un chaleureux appel du Roi au Conseil de la Couronne, en vue de donner efficacité au traité, le Conseil de la Couronne a déclaré à l'unanimité moins une voix, qu'aucun parti ne pouvait assumer la responsabilité de cet acte. Le Conseil a décidé que, vu que la Roumanie n'avait été ni avisée ni consultée au sujet de la démarche, le *casus fœderis* n'existait pas. Le Conseil de la Couronne a décidé ensuite d'entreprendre des préparatifs militaires pour assurer la protection de la frontière, ce qui constituerait un avantage pour la Monarchie, vu que ses frontières seraient couvertes sur une étendue de plusieurs centaines de milles. *Après* le Conseil de la Couronne, le Conseil des Ministres a siégé *seul*, et a résolu, pour assurer à son action un prompt effet, de renoncer au point de vue de la paix de Bucarest, et d'admettre l'intervention bulgare en Serbie, mesure qui permettrait à l'Autriche de retirer immédiatement plusieurs corps d'armée de la Serbie. En outre, ce serait le seul moyen d'être en sûreté du côté de la Bulgarie, où l'influence russe ne donnerait autrement pas de sécurité.

Bien entendu, tout cela n'aurait lieu que si l'attitude de la Roumanie était considérée par les deux Empires comme répondant aux rapports amicaux existants (3).

Il est impossible d'exiger davantage des sentiments chevaleresques du Roi.

Tout prochainement la mobilisation générale aura lieu. »

Tschirschky.

---

(1) D'après le déchiffrement.

(2) Remis à Vienne 4 h. 4 soir, parvenu au Ministère des Affaires Etrangères 7 h. 40 soir. Timbre d'enregistrement à l'entrée : 4 août après-midi. Communiqué le 4 août à l'État-Major général, au Ministère de la Guerre, à l'État-Major de la Marine et au Ministère de la Marine.

(3) Voir n°ˢ 847 et 864.

N° 842

Le Commandant de la 16° Division d'Infanterie
au Ministère des Affaires Etrangères (1).

Télégramme (sans numéro).

Luxemboug, le 4 août 1914 (2).

Je n'ai pas reçu de réponse à ma demande (3) d'hier. Après en avoir informé le Gouvernement luxembourgeois, j'ai invité aujourd'hui le ministre de France à quitter le Luxembourg. Le ministre sera reconduit jusqu'à la frontière en automobile sous escorte militaire.

Fuchs,
Lieutenant-Général.

------

(1) D'après l'expédition de l'Office central télégraphique. Télégramme en clair.

(2) Remis à Luxembourg 4 h. 15 après-midi, parvenu au Ministère des Affaires Etrangères 7 h. 47 soir. Timbre d'enregistrement à l'entrée : 4 août après-midi. Communiqué le 4 août à l'État-Major général, au Ministère de la Guerre, à l'État-Major de la Marine et au Ministère de la Marine.

(3) Voir n° 787. Cf. aussi n° 807.

N° 843

Le Secrétaire d'Etat des Affaires Etrangères
au Ministre à Stockholm (1).

Télégramme 36.

Berlin, le 4 août 1914 (2).

L'ambassadeur d'Angleterre vient de réclamer ses passeports (3). En informer immédiatement le Gouvernement.

Jagow.

------

(1) D'après la minute. Projet de la main de Stumm.

(2) 8 h. soir à l'Office central télégraphique.

(3) Cf. n° 839.

Nº 844
L'Ambassadeur à Vienne
au Ministère des Affaires Etrangères (1).

Télégramme 168.
Confidentiel.

Vienne, le 4 août 1914 (2).

Le duc d'Avarna part ce soir pour Rome pour conférer avec le marquis de San Giuliano. Il fera tout son possible pour détourner, même au dernier moment, l'Italie de la politique, à son avis fâcheuse, de neutralité qui *fera perdre au pays tout crédit moral*, et compromettra pour l'avenir de façon durable les relations de l'Italie avec les puissances centrales.

Exact.

TSCHIRSCHKY.

(1) D'après le déchiffrement.

(2) Remis à Vienne 5 h. après-midi, parvenu au Ministère des Affaires Etrangères 8 h. soir. Timbre d'enregistrement à l'entrée : 4 août après-midi. Le déchiffrement a été soumis à l'Empereur le 5 août, et est revenu le 5 août au Ministère des Affaires Etrangères.

Nº 845
Le Ministre à Bruxelles
au Ministère des Affaires Étrangères (1).

Télégramme (sans numéro).

Bruxelles, le 4 août 1914 (2).

Les relations diplomatiques sont rompues, j'ai reçu mes passeports, je quitte Bruxelles avec le personnel de la légation et le consul Kempf ce soir par la voie de la Hollande.

BELOW.

(1) D'après l'expédition de l'Office central télégraphique. Télégramme en clair.

(2) Remis à Bruxelles 4 h. 58 après-midi, parvenu au Ministère des Affaires Etrangères 8 h. 10 soir. Timbre d'enregistrement à l'entrée : 4 août après-midi. Communiqué le 4 août à l'Etat-Major général, au Ministère de la Guerre, à l'Etat Major de la Marine, et au Ministère de la Marine. La copie a été communiquée à l'Empereur et retournée par lui le 5 août au Ministère.

N° 846
Le Ministre à Copenhague
au Ministère des Affaires Etrangères (1).

Télégramme 48.

Copenhague, le 4 août 1914 (2).

En présence des bruits qui surgissent ici que l'Angleterre aurait donné au Danemark des assurances pour le cas de guerre contre l'Allemagne, M. de Scavenius m'a déclaré d'une façon catégorique que ni l'Angleterre ni la Russie, n'avaient fait jusqu'ici de démarche dans ce sens.

RANTZAU.

(1) D'après le déchiffrement.

(2) Remis à Copenhague 5 h. après-midi, parvenu au Ministère des Affaires Etrangères 8 h. 21 soir. Timbre d'enregistrement à l'entrée : 4 août après-midi. Déchiffrement envoyé le 5 août à l'Empereur. Le télégramme a été, conformément à une décision marginale de Zimmermann, communiqué le 5 août à l'Etat-Major général, à l'Etat-Major de la Marine, au Ministère de la Guerre et au Ministère de la Marine (expédié par messagers 1 h. 5 après-midi).

N° 847
Le Secrétaire d'Etat des Affaires Etrangères
au Ministre à Bucarest (1).

Télégramme 77.

Urgent.

Berlin, le 4 août 1914 (2).

Je vous prie de remercier M. Bratiano de sa communication, et de lui déclarer que nous considérons son attitude comme répondant à nos rapports amicaux, et que dans la suite nous espérons une coopération active de la Roumanie (3).

Accusé de réception télégraphique (4).

JAGOW.

(1) D'après la minute. Projet de la main de Bergen.

(2) 8 h. 30 soir à l'Office central télégraphique.

(3) Voir n°s 811, 841 et 864.

(4) Accusé de réception télégraphique de Waldthausen remis à Sinaïa le 5 août 2 h. 20 après-midi, parvenu au Ministère des Affaires Etrangères 9 h. 43 soir. Timbre d'enregistrement à l'entrée : 5 août après-midi

N° 848
Le Secrétaire d'Etat des Affaires Étrangères
à l'Ambassadeur à Londres (1).

Télégramme 231.

Urgent.   Berlin, le 4 août 1914 (2).

English Ambassador just demanded his passports shortly
after seven o'clock declaring war (3).

Jagow.

Traduction.

L'ambassadeur d'Angleterre vient de réclamer ses passeports peu après
sept heures, en déclarant la guerre.

---

(1) D'après la minute. Projet de la main de Rosenberg ; les mots « declaring war », ont été ajoutés de la main de Zimmermann.

(2) 9 h. 5 soir, à l'Office central télégraphique. Télégramme expédié en
clair.

(3) Cf. n° 839.

N° 849
Le Secrétaire d'État des Affaires Etrangères
aux Gouvernements allemands confédérés (1).

Télégramme (sans numéro).

Berlin, le 4 août 1914 (2).

L'Etat-Major général a reçu des nouvelles absolument
dignes de foi d'après lesquelles, en dépit des promesses de
Paris de respecter la neutralité belge, des forces françaises
se préparaient à marcher sur la région de la Meuse Givet-
Namur, et à traverser la Belgique pour opérer contre l'Allemagne. Divers incidents de ces derniers jours indiquent que
l'exécution de ce plan est déjà commencée. Nous devions
craindre que la Belgique, en dépit de sa bonne volonté, ne pût
empêcher sans assistance la marche en avant des Français,

---

(1) D'après la minute dactylographiée. Le projet a été paraphé d'abord
par Rosenberg.

(2) 9 h. 10 soir à l'Office central télégraphique.

et par suite nous étions forcés dans l'intérêt de notre conservation, de pénétrer sur le territoire belge dans un but de
légitime défense. L'Allemagne ne se propose aucun acte
d'hostilité contre la Belgique, et évacuera le territoire belge
immédiatement après la conclusion de la paix.

Le Gouvernement belge amicalement averti de ce qui pré-
cède, et invité à observer une attitude bienveillante, a pro-
testé, et a déclaré qu'il s'opposerait par la force à toute
violation de sa (3) neutralité.

Nous espérons encore qu'on n'en arrivera pas à des engagements entre notre armée et les troupes belges (4).

JAGOW.

---

(3) *Sic* dans la minute.
(4) Voir n° 788, phrase finale.

N° 850

**L'Ambassadeur à Rome
au Ministère des Affaires Etrangères (1).**

Télégramme 174.
Urgent.   Rome, le 4 août 1914 (2).

Le lieutenant-colonel de Kleist envoie
le télégramme suivant à Sa Majesté l'Empereur :

« A Sa Majesté l'Empereur,
         Berlin, Château.

Sa Majesté le Roi m'a reçu cet après-
midi et m'a dit :

En dépit de ses efforts multiples d'hier,

---

(1) D'après le déchiffrement.
(2) Remis à Rome 5 h. 10 après-midi, parvenu au Ministère des Affaires
Etrangères 9 h. 30 soir. Timbre d'enregistrement à l'entrée : 4 août après-
midi. Le déchiffrement a été soumis à l'Empereur, revenu le 5 août au
Ministère. Communiqué à l'Etat-Major général, au Ministère de la Guerre,
à l'Etat-Major de la Marine et au Ministère de la Marine. Le 5 août l'information de Kleist a été adressée télégraphiquement à l'ambassadeur à
Vienne en le priant « de la communiquer confidentiellement », 1 h. 40
matin à l'Office central télégraphique.

Notre lutte contre la France n'a rien à faire avec cela. L'Italie combat à nos côtés et non aux côtes de l'Autriche.

Si le Gouvernement ne fait rien à l'encontre, naturellement !

Mensonge certain !

Incroyable coquin !

et Cadorna ?

le Gouvernement persiste dans son point de vue de neutralité. Un concours actif aux Alliés serait immédiatement interprété par le peuple *comme une assistance aux plans d'agrandissement de l'Autriche dans les Balkans,* vu que l'Autriche ne s'est même pas définitivement engagée à y renoncer. *Le peuple mettrait toujours l'Autriche et l'Allemagne dans le même sac* (3); en conséquence le Gouvernement, en prêtant un concours actif, même à l'Allemagne, s'exposerait au moment actuel à une *insurrection* (3). Lui, le Roi, devait répéter qu'il était malheureusement impuissant, vu que l'opinion du Gouvernement était partagée par la majorité des députés. Même un *partisan de la Triple Alliance* (4-5), comme Giolitti qui vient de revenir ici, est d'avis que *le casus fœderis n'existe pas,* que *le pays a besoin de tranquillité* et doit rester neutre, vu qu'il n'est aucunement *tenu* à prêter un concours actif.

La mort de [Pol]lio (6) était très regrettable, parce qu'il avait des *opinions tout opposées,* et qu'il possédait une très *grande influence.*

[Trois] (7) classes de réservistes ont déjà été appelées, de sorte que la cavalerie et l'artillerie ainsi que la marine sont sur le pied de guerre. Les compagnies sont fortes de 150 hommes. 3 autres classes suffiraient à compléter à peu près les

---

(3) Ce mot souligné deux fois par l'Empereur.
(4) « partisan » souligné deux fois par l'Empereur.
(5) En marge : deux points d'interrogation de l'Empereur.
(6) La syllabe « Pol » manquait dans le texte communiqué au Ministère.
(7) Le mot « trois » manquait dans le déchiffrement ; il a été ajouté au Ministère.

Alors il se sépare entièrement de nous !

Vienne doit à tout prix donner des promesses qui l'obligent, et offrir des compensations élevées et tellement tentantes qu'elles entraînent l'Italie, cela aurait dû être fait depuis longtemps. (8)

effectifs de l'armée active. Le Gouvernement a l'intention d'être prêt à « toute éventualité ». Sur ma réponse disant que, l'éventualité d'un concours actif disparaissant, on ne pouvait songer qu'à menacer l'Autriche, et qu'il n'y avait pas d'autre éventualité, le Roi dit : « On ne sait pas *ce que* feront *les hommes du Gouvernement* : pour l'*instant* (8), le Roi *compte* que cela ne se produira pas.

Mon impression de cette audience : L'Italie est irritée contre l'Autriche et lui attribue des intentions d'agrandissement dans *les Balkans* auxquelles l'Autriche ne s'est pas jusqu'ici *obligée* à renoncer. Si cette méfiance de l'Italie se fortifiait par *l'attitude évasive* de l'Autriche *ou si* elle se *confirmait*, l'Italie considérerait ce fait comme *lésant ses intérêts* et se préparerait à ne pas le supporter.

J'ai l'intention de partir ce soir.

VON KLEIST ».

de Kleist vous prie d'en envoyer copie au chef de l'Etat-Major général.

FLOTOW.

---

(8) L'observation marginale de l'Empereur : « Vienne doit à tout prix .. cela aurait dû être fait depuis longtemps » a été communiquée télégraphiquement le 5 août par Jagow à l'ambassadeur à Vienne pour emploi confidentiel. Projet de la main de Bergen. Télégramme 9 h. 50 soir à l'Office central télégraphique.

N° 851

L'Ambassadeur à Madrid
au Ministère des Affaires Étrangères (1).

Télégramme 23.

St-Sébastien, le 4 août 1914 (2).

Les journaux espagnols annoncent que la France a rappelé
50.000 hommes du Maroc et que l'Angleterre débarquera
à Boulogne 100.000 hommes sous les ordres du général
French. D'une personnalité digne de foi, et qui est en rapport
avec des officiers anglais, j'apprends que la *division de la
garde anglaise de 16 bataillons d'une force d'environ
1.400 hommes ainsi que le 16e uhlans et le 60e rifles seront
prêts à marcher sous peu de jours et se rendront en Belgique.*

RATIBOR.

(1) D'après le déchiffrement.

(2) Remis à St-Sébastien 4 h. 55 après-midi, parvenu au Ministère des
Affaires Étrangères 9 h. 30 soir. Timbre d'enregistrement à l'entrée : 4 août
après-midi. Le déchiffrement envoyé à l'Empereur le 5 août, est revenu
au Ministère le même jour. Télégramme communiqué le 4 août à l'État-
Major général, au Ministère de la Guerre, à l'État-Major de la Marine et au
Ministère de la Marine.

N° 852

L'Ambassadeur à Constantinople
au Ministère des Affaires Étrangères (1).

Télégramme 426.

Constantinople, le 4 août 1914 (2).

Enver m'a fait savoir que les autorités militaires des Dar-
danelles ont été invitées à laisser entrer sans empêchement
les navires de guerre allemands ou autrichiens dans les
Détroits. Le Grand Vizir craint toutefois que l'utilisation de

(1) D'après le déchiffrement.

(2) Remis à Constantinople 6 h. après-midi, parvenu au Ministère des
Affaires Étrangères 9 h. 30 soir. Timbre d'enregistrement à l'entrée :
4 août après-midi. Le déchiffrement soumis à l'Empereur a été retourné par
lui au Ministère le 5 août. Télégramme communiqué le 4 août à l'État-Major
général, au Ministère de la Guerre, à l'État-Major de la Marine et au Ministère de la Marine.

cet avantage *avant le règlement des rapports avec la Bulgarie* n'ait pour conséquence une accélération de l'évolution des événements dans un sens que ne désirent pas encore la Turquie et l'Allemagne.

WANGENHEIM.

N° 853
L'Ambassadeur à Londres
au Ministère des Affaires Etrangères (1).

Télégramme 253.

Londres, le 4 août 1914 (2).

A l'Etat-Major de la Marine et au Ministère de la Marine.

Avec le chiffre du Ministère des Affaires Etrangères.

L'ultimatum anglais expire aujourd'hui à minuit. A partir de ce moment, il faudra compter sur une attaque de la flotte anglaise contre notre flotte et nos côtes. Je n'ai pas de nouvelles du lieu où se trouve la flotte de bataille anglaise.

L'Attaché naval.
LICHNOWSKY.

---

(1) D'après le déchiffrement.

(2) Remis à Londres 4 h. 22 après-midi, parvenu au Ministère des Affaires Etrangères 10 h. 10 soir. Timbre d'enregistrement à l'entrée : 4 août après-midi. Communiqué à l'Etat-Major de la Marine, à l'Etat-Major général, au Ministère de la Marine et au Ministère de la Guerre. Le déchiffrement a été envoyé à l'Empereur le 5 août et est revenu au Ministère le même jour.

N° 854
L'Ambassadeur à Constantinople
au Ministère des Affaires Etrangères (1).

Télégramme 423.

Thérapia, le 4 août 1914 (2-3).

Stimuler Sofia, Bucarest (4).

Le Grand Vizir m'a dit que le ministre de Bulgarie ne lui avait pas encore fait

---

(1) D'après le déchiffrement.

(2) Remis à Thérapia 11 h. matin, parvenu au Ministère des Affaires Etrangères 10 h. 10 soir. Timbre d'enregistrement à l'entrée : 4 août après-midi. Déchiffrement envoyé à l'Empereur le 5 août, et revenu le même jour au Ministère.

d'ouvertures au sujet d'une entente éventuelle (5). Il avait l'impression que la Bulgarie ferait dépendre son attitude de celle de la Roumanie. Tout dépendait du rapprochement le plus prompt possible de la Roumanie et de la Bulgarie. De Giers paraît croire jusqu'ici à la neutralité de la Turquie, ce qui facilitera à la Turquie l'utilisation de la Mer Noire pour sa mobilisation.

Bompard, qui se trouve très déprimé, lui avait demandé hier comment la Turquie pouvait concilier le maintien de la mission allemande avec sa neutralité. Le Grand-Vizir lui avait répondu que la Turquie n'avait aucun motif de congédier actuellement une mission qui lui était maintenant fort utile.

WANGENHEIM.

(3) Voir n° 711 et 697.

(4) Au sujet de la communication à Sofia voir n° 865. Le passage « Le Grand Vizir a dit... du rapprochement le plus prompt possible de la Roumanie et de la Bulgarie » a été télégraphié (par Jagow le 5 août à l'ambassadeur à Vienne et au ministre à Sofia « pour communication » à 1 h. 5 matin à l'Office central télégraphique. La communication à Bucarest n'a pas eu lieu.

(5) Voir n° 795.

N° 855
Le Ministre à Copenhague
au Ministère des Affaires Etrangères (1).

Télégramme 49.

Copenhague, le 4 août 1914 (2).

Aujourd'hui a lieu la déclaration de neutralité du Danemark

(1) D'après le déchiffrement.

(2) Remis à Copenhague 7 h. soir, parvenu au Ministère des Affaires Etrangères 10 h. 10 soir. Timbre d'enregistrement à l'entrée : 5 août matin.

à l'occasion de la guerre russo-allemande et franco-allemande. La mobilisation générale à laquelle on s'attendait ici, est encore arrêtée par le Gouvernement, en dépit d'un fort courant d'opinion qui réclame cette mesure pour la protection du pays et la garantie de la neutralité.

RANTZAU.

Communiqué à l'Etat-Major général, au Ministère de la Guerre, à l'Etat-Major de la Marine et au Ministère de la Marine. Le déchiffrement envoyé à l'Empereur le 5 août, est revenu au Ministère le même jour.

N° 856
L'Ambassadeur à Constantinople
au Ministère des Affaires Etrangères (1).

Télégramme 424.

Thérapia, le 4 août 1914 (2).

D'après des informations de la mission militaire, l'armée serbe n'est *pas* concentrée *en vue d'une bataille décisive*, mais *répartie* dans tout le pays. Le marquis Pallavicini en conclut que la Serbie veut mener une *longue guerre de guerillas* jusqu'à ce que la Russie intervienne : en attendant l'Autriche s'accrocherait le plus possible en Serbie. D'après l'opinion de mon collègue, *l'Autriche devrait ignorer provisoirement la Serbie* jusqu'à *la décision* de la lutte avec la Russie de *l'issue de laquelle dépend le destin de la Serbie.*

juste Kageneck doit donner de ma part des conseils dans ce sens à Hotzendorf.

WANGENHEIM.

---

(1) D'après le déchiffrement.
(2) Remis à Thérapia 11 h. 55 matin, parvenu 10 h. 45 soir. Timbre d'enregistrement à l'entrée : 4 août après-midi. Communiqué à l'Etat-Major général, au Ministère de la Guerre, à l'Etat-Major de la Marine et au Ministère de la Marine. Le déchiffrement envoyé le 5 août à l'Empereur est parvenu le même jour au Ministère.

N° 857

Le Ministre à Sofia
au Ministère des Affaires Etrangères (1).

Télégramme 46.

Sofia, le 4 août 1914 (2-3).

Mon collègue autrichien n'a pas encore reçu d'instructions au sujet de la conclusion du traité d'alliance avec la Bulgarie; j'attends en conséquence pour que les traités puissent être rédigés de la même manière. En attendant, j'ai parlé au Président du Conseil des Ministres de Bulgarie des obligations actives que la Bulgarie doit assumer dans le traité, et je lui ai proposé le texte suivant :

« La Bulgarie s'engage dans le cas d'un conflit européen à se porter avec toutes ses forces à la demande de l'Allemagne contre ceux des Etats voisins qui se trouveront du côté des ennemis de l'Empire allemand (4) ».

Comme la Turquie, et, d'après des nouvelles d'ici, la Roumanie, sont des Etats amis, il ne reste comme Etats ennemis que la Grèce et la Serbie, parmi lesquels la Serbie est dans le camp de nos ennemis. Dans le cas où l'on parviendrait à s'entendre avec l'Autriche à ce sujet, nous pourrions faire entrer la Bulgarie en campagne contre la Serbie, pour que l'armée bulgare soit utilisée dans notre intérêt, et que l'Autriche puisse détacher contre la Russie une partie de ses troupes engagées contre la Serbie.

MICHAHELLES.

1) D'après le déchiffrement.

(2) Remis à Sofia 4 août 5 h. 30 après-midi, parvenu au Ministère des Affaires Etrangères 10 h. 45 soir. Timbre d'enregistrement à l'entrée : 5 août matin. Communiqué à l'Etat-Major général, au Ministère de la Guerre, à l'Etat-Major de la Marine et au Ministère de la Marine.

(3) Voir n° 728.

(4) En marge annotation de Zimmermann : « Entendu. Communiquer d'urgence à Vienne et à Sofia ». (Voir n°ˢ 872 et 873.)

N° 858

L'Ambassadeur à Vienne
au Ministère des Affaires Etrangères (1).

Télégramme 171.

Vienne, le 4 août 1914 (2).

M. Radoslawow a dit confidentiellement au comte Tarnowski que le ministre d'Italie à Sofia, à ce qu'il entend dire, ainsi que d'autres représentants italiens, auraient tenu un langage qui permettrait de conclure que l'Italie opérerait de concert avec la Russie.

TSCHIRSCHKY.

---

(1) D'après le déchiffrement.
(2) Remis à Vienne 9 h. soir, parvenu au Ministère des Affaires Etrangères 10 h. 50 soir. Timbre d'enregistrement à l'entrée : 4 août après-midi. Communiqué le 5 août à l'Etat-Major général, au Ministère de la Guerre, à l'Etat-Major de la Marine et au Ministère de la Marine. Communiqué télégraphiquement le 5 août par Jagow à l'ambassadeur à Rome, 3 h. 10 matin à l'Office central télégraphique.

N° 859

L'Ambassadeur à Rome
au Ministère des Affaires Etrangères (1).

Télégramme 176.

Rome, le 4 août 1914 (2-3).

J'agirai dans le sens indiqué. Le Gouvernement d'ici fait déjà des difficultés pour de gros transports de blé autrichiens. On manque de céréales dans le pays.

FLOTOW.

---

(1) D'après le déchiffrement.
(2) Remis à Rome 5 h. 10 après-midi, parvenu au Ministère des Affaires Etrangères 11 h. 6 soir. Timbre d'enregistrement à l'entrée : 4 août après-midi.
(3) Voir n° 806.

N° 860

**Note de de Bergen, Conseiller référendaire
au Ministère des Affaires Etrangères (1).**

Berlin, le 4 août 1914 (2).

Le baron Haymerlé m'a informé que la déclaration de
guerre à la Russie partirait demain matin — en ce qui concerne la déclaration de guerre à l'Angleterre et à la France,
le Gouvernement est prêt à se conformer à nos désirs ; toutefois, l'Etat-Major général, vu que la mobilisation de la
flotte n'est pas encore terminée, attacherait un grand prix à
ce que cette date fût reculée de quelques jours (3).

(1) De la main de Bergen.
(2) Note de la main de Bergen du 4 août après-midi, retournée le 5 par
le Sous-Secrétaire d'Etat.
(3) voir n°° 870, 871, 874, 875, 877 à 879.

N° 861

**L'Ambassadeur à Vienne
au Ministère des Affaires Etrangères (1).**

Télégramme 169   Vienne, le 4 août 1914 (2-3).

Le comte Tarnowski recevra immédiatement des instructions dans ce sens.   Tschirschky.

(1) D'après le déchiffrement.
(2) Remis à Vienne le 4 août 8 h. soir, parvenu au Ministère des
Affaires Etrangères 11 h. 9 soir. Timbre d'enregistrement à l'entrée :
5 août matin.
(3) Voir n° 817.

N° 862

**L'Ambassadeur à Vienne
au Ministère des Affaires Etrangères (1).**

Télégramme 170.

Secret.   Vienne, le 4 août 1914 (2).

L'Etat-Major général d'ici avait de son côté demandé au

(1) D'après le déchiffrement.
(2) Remis à Vienne 9 h. soir, parvenu au Ministère des Affaires

général Cadorna si l'on pouvait commencer l'exécution des conventions secrètes militaires et maritimes arrêtées avec l'Italie. On lui a répondu que ces conventions n'avaient pour l'instant aucune valeur pratique, vu que l'Italie restait neutre. La réponse italienne contenait en outre l'observation que l'Italie n'entreprendrait rien contre l'Autriche, si celle-ci n'occupait pas le Lovcen, et ne cherchait pas à troubler l'équilibre dans les Balkans au détriment de l'Italie.

Après avoir consulté le général Conrad, baron de Hötzendorf, le comte Berchtold a donné aujourd'hui à M. d'Avarna, l'assurance formelle que l'Autriche-Hongrie, même au cas d'une attaque militaire du Monténégro contre la Monarchie, n'occuperait pas le Lovcen, et que l'Autriche était très éloignée de vouloir troubler l'équilibre dans les Balkans au détriment de l'Italie. M. de Mérey recevra les instructions conformes. Le comte Kageneck confirme les renseignements ci-dessus en ce qui concerne le Lovcen d'après des informations précises qu'il a reçues de l'État-Major général.

Le comte Berchtold a déclaré qu'il fallait faire toutes les concessions possibles pour essayer de maintenir tout au moins la neutralité de l'Italie.

Tschirschky.

Étrangères 11 h. 30 soir. Timbre d'enregistrement à l'entrée : 5 août matin. Communiqué le 4 août à l'État-Major général, au Ministère de la Guerre, à l'État-Major de la Marine et au Ministère de la Marine. Déchiffrement soumis à l'Empereur le 5 août, retourné par lui le 5 août au Ministère. Une communication télégraphique du télégramme de Tschirschky à l'ambassadeur à Rome a été préparée par Bergen, mais n'a pas été expédiée.

Nº 863
**L'Ambassadeur d'Angleterre
au Secrétaire d'État des Affaires Étrangères (1).**

Berlin, le 4 août 1914 (2).

Your Excellency,

I have the honour to inform your Excellency that as the

---

(1) D'après l'expédition. Cf. Livre Bleu anglais 1914, nº 160.
(2) Timbre d'enregistrement à l'entrée du Ministère : 5 août matin.

Imperial Government have not found it possible to return a reply satisfactory to His Majesty's Government to the request which I had been instructed to adress to them on the subject of the neutrality of Belgium (3), I have received instructions from His Majesty's Principal Secretary of State for Foreign Affairs to withdraw His Majesty's Embassy and Consulates as soon as possible, and to request that passports, ensuring safe conduct. may for this purpose be delivered to me for myself and staff (of whom a list is enclosed herein) (4) as well as for the Acting British Consul General at Berlin, and also to the several British Consular Officers in Germany, who will similarly apply for their passports to the local Authorities.

I am further to state that His Majesty's Government have requested the Government of the United States of America to take charge of British interests during the war throughout the German Empire, and that pending the definite reply of the United States Government, the protection of British subjects, property and interests has been confided provisionally to my United States Colleague and to the United States Consular Officers.

I avail myself of this opportunity to renew to Your Excellency the assurance of my highest consideration.

W.-E. Goschen.

Traduction.

J'ai l'honneur d'informer Votre Excellence que, comme le Gouvernement impérial n'a pas trouvé possible de faire une réponse satisfaisante au Gouvernement de Sa Majesté en ce qui concerne la demande que j'avais été chargé de lui adresser au sujet de la neutralité de la Belgique, j'ai reçu des instructions du Secrétaire d'Etat principal des Affaires Etrangères de Sa Majesté, me prescrivant de retirer l'ambassade et les consulats de Sa Majesté aussitôt que possible, et de demander que des passeports assurant sauf-conduit puissent être délivrés à cet effet à moi et à mon personnel (dont la liste est ci-jointe) aussi bien qu'au gérant du consulat général à Berlin et aux divers consuls britanniques en Allemagne, qui demanderont eux-mêmes leurs passeports aux autorités locales.

Je suis chargé de plus de vous déclarer que le Gouvernement de Sa Majesté a prié le Gouvernement des Etats-Unis d'Amérique de se charger des intérêts britanniques dans l'Empire allemand pendant la guerre, et que,

---

(3) Voir n° 839.
(4) La liste indique en tout 20 personnes.

jusqu'à ce que la réponse définitive des Etats-Unis soit parvenue, la protection des sujets, biens et intérêts britanniques a été confiée provisoirement à mon collègue des Etats-Unis et aux consuls des Etats-Unis.

Je profite de cette occasion pour renouveler à Votre Excellence l'assurance de ma plus haute considération.

W.-E. GOSCHEN.

N° 864

Le Secrétaire d'État des Affaires Étrangères à l'Ambassadeur à Vienne (1).

Berlin, le 4 août 1914 (2-3).

Télégramme 242.

A transmettre.

Le ministre impérial à Bucarest a été invité à donner au Gouvernement roumain la déclaration demandée et à exprimer l'espoir d'une coopération active prochaine de la Roumanie.

JAGOW.

---

(1) D'après la minute. Projet de la main de Bergen.
(2) Le 5 août 12 h. 25 matin à l'Office central télégraphique.
(3) Voir n° 811, 841 et 847.

N° 865

Le Secrétaire d'État des Affaires Etrangères au Ministre à Sofia (1).

Télégramme 54.

Berlin, le 5 août 1914 (2).

Le baron de Wangenheim annonce :

« Le Grand Vizir m'a dit... de celle de la Roumanie » (3).

Je vous prie instamment d'accélérer la conclusion du traité d'alliance. Les pleins pouvoirs et ratification partent

---

(1) D'après la minute. Projet de la main de Zimmermann.
(2) 1 h. 15 matin à l'Office central télégraphique.
(3) Ici sont insérées les deux premières phrases du télégramme de Wangenheim du 4 août (n° 854). Voir aussi n° 854, note 4.

ce soir (4). La Roumanie a garanti sa neutralité bienveillante ; elle protège la frontière contre la Russie, et laisse liberté d'action à la Bulgarie contre la Serbie (5). L'adhésion de la Bulgarie à la Triple Alliance provoquera probablement une intervention active de la Roumanie contre la Russie.

JAGOW.

(4) Voir n° 866.
(5) Voir n° 811.

N° 866

**Le Secrétaire d'Etat des Affaires Etrangéres
au Ministre à Sofia (1).**

Berlin, le 4 août 1914 (2).

Au cas où nos négociations avec la Bulgarie aboutiraient au résultat espéré, j'ai l'honneur de vous transmettre un plein pouvoir signé par Sa Majesté et un instrument de ratification (3). A cet instrument de ratification une copie du texte du traité serait le cas échéant, reliée par un cordon et des cachets. Si, dans ces deux documents, quelques modifications de forme étaient nécessaires, je prie Votre Excellence d'y procéder elle-même. Le cas échéant, je désirerais recevoir copie du texte définitif. Votre Excellence ne procédera à l'échange des ratifications qu'après réception d'une autorisation télégraphique spéciale.

Je vous prie de m'accuser réception télégraphiquement de cette communication.

JAGOW.

(1) D'après la minute. Projet du secrétaire de légation de Tiedemann avec des modifications et des additions de Rosenberg.
(2) Envoyé le 5 août par courrier de Cabinet.
(3) Le plein pouvoir signé par l'Empereur le 5 août et l'instrument de ratification étaient annexés. Sur le plein pouvoir, l'observation marginale : Le plein pouvoir est aussi valable pour le traité intervenu le 6. 9. 15 ». Voir aussi n° 865.

N° 867
Le Ministre à Bucarest
au Ministère des Affaires Étrangères (1).

Télégramme 70.

Sinaïa, le 4 août 1914 (2).

M. Bratiano demande que les commandes de matériel de guerre chez Krupp et dans d'autres maisons allemandes ne soient pas arrêtées par nous, parce qu'autrement la Roumanie ne pourrait pas organiser ses préparatifs militaires.

M. Bratiano veut conseiller au ministre de Grèce, qui voulait s'entendre avec lui sur une action commune dans les Balkans d'arriver à une entente avec la Turquie. M. Bratiano espère que l'Allemagne agira en même temps sur la Grèce et sur la Turquie pour que la première ne soit pas opprimée.

M. Bratiano a télégraphié à M. Beldiman au sujet de ces deux affaires.

WALDTHAUSEN.

(1) D'après le déchiffrement.

(2) Remis à Sinaïa le 4 août 7 h. 3o soir, parvenu au Ministère des Affaires Étrangères le 5 août 1 h. 16 matin. Timbre d'enregistrement à l'entrée : 5 août matin. Communiqué le 5 août à l'État-Major général, au Ministère de la Guerre, à l'État-Major de la Marine et au Ministère de la Marine.

N° 868
Le Ministre à Bucarest
au Ministère des Affaires Etrangères (1).

Télégramme 68.

Secret.   Sinaïa, le 4 août 1914 (2).

Je me suis acquitté de vos instructions (3). Au Conseil de la Couronne, le Roi, après un discours patriotique qui a profondément ému tout le monde, et que le Roi m'a lu, a été

(1) D'après le déchiffrement.

(2) Remis à Sinaïa le 4 août 7 h. soir, parvenu au Ministère des Affaires Étrangères 5 août 3 h. 21 matin. Timbre d'enregistrement à l'entrée : 5 août matin. Déchiffrement envoyé à l'Empereur le 5 août ; revenu le 5 août au Ministère. Télégramme communiqué le 5 août à l'État-Major général, au Ministère de la Guerre, à l'État-Major de la Marine et au Ministère de la

abandonné par les hommes d'Etat de tous les partis, à l'exception de M. Carp qui s'est tenu très énergiquement à ses côtés, mais ne dispose plus d'influence politique et n'a pas trouvé d'appui auprès de ses propres partisans. Il a défendu l'accord avec la Triple Alliance jusqu'au bout et avec la plus grande énergie et a déclaré en vain que, s'il reniait sa parole, il ne jouirait plus d'aucune considération et ne pourrait plus servir la Roumanie. Il m'a raconté tout le cours de ces négociations tragiques, et il était tellement abattu et en proie à une douleur physique telle qu'il ne pouvait plus songer qu'à se mettre au lit, et qu'il ne m'a pas reçu hier. Sa Majesté déclara que, sans son Gouvernement, il ne pouvait amener à une guerre contre la Russie son peuple qui ne voulait pas marcher avec l'Autriche, et, quant aux affaires bulgares, il renvoya à la décision du Conseil de la Couronne et du Conseil des Ministres qui réglait la question. Contre la reprise de la Bessarabie, on a fait valoir au Conseil de la Couronne que pour la Roumanie ce serait une seconde Alsace-Lorraine.

La déclaration de neutralité de l'Italie qui a été connue avant le Conseil de la Couronne a produit une grande impression sans laquelle il aurait pu encore obtenir de marcher avec la Triple Alliance.

Sur la question que la Roumanie ne pouvait pas marcher avec la Russie, le Conseil de la Couronne s'est prononcé de façon unanime.

Toute action de la Roumanie contre l'Autriche serait absolument impossible tant qu'il serait Roi. L'Autriche pouvait dégarnir sa frontière roumaine.

La concentration de troupes autrichiennes sur la frontière roumaine avait fortement mécontenté ici. Si le Conseil de la Couronne avait compris la frontière hongroise parmi les frontières à protéger, ce n'était, d'après le Roi, et M. Porumbaro, que pour trouver une formule.

WALDTHAUSEN.

Marine. Transmis télégraphiquement le 5 août par Jagow avec de légères omissions à l'ambassadeur à Vienne, 11 h. 10 matin à l'Office central télégraphique.
(3) Voir n° 729.

N° 869

**Le Chef de l'Etat-Major général de l'Armée
au Secrétaire d'Etat des Affaires Etrangères (1).**

Très urgent.   Berlin, le 4 août 1914 (2).

Des plaintes du Gouvernement français (3) au sujet de violations de frontières par les Allemands, une seule est justifiée.

Contrairement aux ordres formels, une patrouille du 14ᵐᵉ Corps d'armée, semblant conduite par un officier, a traversé la frontière le 2 août. Elle a été probablement abattue. Un seul homme est revenu. Il est par conséquent impossible que cette patrouille ait emmené des chevaux.

Mais, longtemps avant cette unique petite violation de frontière, des aviateurs français ont lancé des bombes en Bavière, dans la région de Nuremberg, sur nos voies ferrées, les troupes françaises ont attaqué nos troupes de couverture au col de la Schlucht. Le premier coup de feu est parti du côté français.

Nos troupes, conformément aux ordres reçus, se sont bornées tout d'abord à la défensive. Ce n'est que quand les violations de frontières des Français se sont multipliées que le 3 août on a permis de pousser le service d'exploration au-delà de la frontière.

Il s'agissait exclusivement d'une mesure de sûreté, car il n'était pas admissible de laisser nos troupes sans service d'exploration, et de les exposer à des surprises et aux pertes qui devaient forcément en résulter.

DE MOLTKE.

---

(1) D'après l'expédition.

(2) Timbre d'enregistrement à l'entrée du Ministère des Affaires Etrangères 5 août. Voir toutefois le discours du Chancelier de l'Empire du 4 août 3 h. 15 après-midi. (Procès-verbaux sténographiques des débats du Reichstag, volume 306, p. 6).

(3) Voir nᵒˢ 705 et 722.

N° 870

Le Secrétaire d'Etat de la Marine
au Secrétaire d'Etat des Affaires Etrangères (1).

Très secret.   Berlin, le 4 août 1914 (2).

Je considère comme d'une nécessité urgente de demander à l'Autriche de déclarer immédiatement la guerre à la France, à la Russie et à l'Angleterre (3).

Dans la Méditerranée la situation est la suivante: le « Göben » et le « Breslau » sont poursuivis par des forces anglaises supérieures et ont besoin d'urgence de l'appui de la flotte autrichienne, appui que l'Autriche fait des difficultés à accorder sans déclaration de guerre.

v. TIRPITZ.

(1) D'après l'expédition.
(2) Timbre d'enregistrement à l'entrée : 5 août matin.
(3) Voir nᵒˢ 860, 871, 874, 875, 877 à 879.

N° 871

Note de de Bergen, Conseiller référendaire
au Ministère des Affaires Etrangères (1).

Berlin, le 5 août 1914 (2).

Le baron Haymerle m'a informé ce matin que les Etats-Majors généraux des deux pays avaient jusqu'ici empêché le Gouvernement austro-hongrois de déclarer la guerre, mais qu'il déclarerait probablement la guerre aujourd'hui à la Russie et à la France, et qu'en ce qui concernait l'Angleterre il se conformerait à nos désirs (3).

(1) De la main de Bergen.
(2) Timbre d'enregistrement à l'entrée du Ministère des Affaires Etrangères 5 août après-midi. La communication a eu lieu d'après le texte même au cours de la matinée.
(3) Voir nᵒˢ 860, 870, 874, 875, 877 à 879.

N° 872
Le Secrétaire d'État des Affaires Etrangères
à l'Ambassadeur à Vienne (1).

Télégramme 248.   Berlin, le 5 août 1914 (2).

Michahelles annonce que le ministre d'Autriche-Hongrie est toujours sans instructions au sujet du traité d'alliance. Je vous prie d'inviter Vienne avec insistance à donner à son représentant à Sofia pleins pouvoirs pour conclure immédiatement, d'accord avec Michahelles, qui a reçu des instructions détaillées (3).

JAGOW.

___

(1) D'après la minute de la main de Zimmermann.
(2) 10 h. 45 matin à l'Office central télégraphique.
(3) Voir n°⁵ 857 et 873.

N° 873
Le Secrétaire d'Etat des Affaires Etrangères
au Ministre à Sofia (1).

Télégramme 57.
Urgent.   Berlin, le 5 août 1914 (2-3).

La formule est approuvée. Il est également convenu que la Bulgarie entrera en campagne contre la Serbie (3).

JAGOW.

___

(1) D'après la minute de la main de Jagow.
(2) 10 h. 45 matin à l'Office central télégraphique.
(3) Voir n°⁵ 857 et 872.

N° 874
Le Secrétaire d'Etat des Affaires Etrangères
à l'Ambassadeur à Vienne (1).

Télégramme 250.

          Berlin, le 5 août 1914 (2).

Je vous prie d'insister vivement pour que l'Autriche-Hon-

___

(1) D'après la minute. Projet de la main de Zimmermann.
(2) 12 h. 20 après-midi à l'Office central télégraphique.

grie adresse immédiatement une déclaration de guerre à la
France, à la Russie et à l'Angleterre. Réponse télégraphique (3).

JAGOW.

_____

(3) Voir n°° 877 et 878 ; cf. en outre n°° 860, 870, 871, 875, 879.

N° 875

Le Secrétaire d'Etat des Affaires Etrangères
au Secrétaire d'Etat de la Marine (1).

Berlin, le 5 août 1914 (2).

Réponse à votre lettre du 4 de ce mois (3). L'ambassadeur
impérial à Vienne a reçu des instructions télégraphiques lui
prescrivant de demander avec insistance au Gouvernement
austro-hongrois d'effectuer immédiatement une déclaration
de guerre à la France, à la Russie et à l'Angleterre.

JAGOW.

_____

(1) D'après la minute. Projet de la main de Zimmermann.
(2) Expédié par messager 2 h. 30 après-midi.
(3) Voir n° 870 et les numéros indiqués à la note 3.

N° 876

Le Chef de l'Etat-Major général de l'Armée
au Ministère des Affaires Etrangères (1).

Berlin, le 5 août 1914 (2).

La déclaration de guerre de l'Angleterre qui, d'après des
nouvelles sûres, était projetée dès le début du conflit, nous
contraint à épuiser tous les moyens qui peuvent contribuer à
la victoire. La situation grave dans laquelle se trouve la
patrie nous fait un devoir d'employer tous les moyens propres à nuire à l'ennemi. La politique sans scrupules que nos
adversaires mènent contre nous, nous autorise à procéder
sans aucun ménagement.

_____

(1) D'après l'expédition.
(2) Timbre d'enregistrement à l'entrée du Ministère des Affaires Etrangères : 5 août après-midi.

L'insurrection de Pologne est fomentée. Elle germera sur un terrain propice, car dès maintenant nos troupes sont accueillies en Pologne presque comme des amis. A Wlozlawek, par exemple, elles ont été reçues avec le pain et le sel.

L'opinion de l'Amérique est favorable à l'Allemagne. L'opinion publique américaine est indignée de la façon odieuse dont on a procédé contre nous. Il s'agit d'exploiter de toutes nos forces ces tendances. Les personnalités influentes de la colonie allemande doivent être invitées à continuer à influencer la presse en notre faveur. Peut-être les Etats-Unis pourront-ils être amenés à une action navale contre l'Angleterre, et le Canada serait pour eux le prix de la victoire.

Il est de la plus haute importance, ainsi que je l'ai indiqué dans ma lettre du 2 de ce mois n° 4 P. (3), de fomenter l'insurrection dans les Indes, en Egypte, et au Caucase. — Le traité avec la Turquie mettra le Ministère des Affaires Etrangères en mesure de réaliser cette idée, et de surexciter le fanatisme de l'Islam.

v. Moltke.

------

(3) Voir n° 662.

N° 877

**L'Ambassadeur à Vienne
au Ministère des Affaires Etrangères** (1).

Télégramme 174.

Vienne, le 5 août 1914 (2).

Le comte Forgach me dit que dans la question de la déclaration de guerre de l'Autriche-Hongrie à l'Angleterre, on se conformera aux intentions allemandes (3).

Tschirschky.

------

(1) D'après le déchiffrement.

(2) Remis à Vienne 1 h. 40 après-midi, parvenu au Ministère des Affaires Etrangères 4 h. après-midi. Timbre d'enregistrement à l'entrée : 5 août après-midi. Communiqué le 5 août, sur l'ordre de Zimmermann, au Ministère de la Marine, transmis par messager 9 h. 45 soir.

(3) Voir n° 874 et les numéros indiqués à la note 3.

N° 878
L'Ambassadeur à Vienne
au Ministère des Affaires Etrangères (1).

Télégramme 178.

Vienne, le 5 août 1914 (2).

La déclaration de guerre à la Russie aura lieu ce soir (3).

En ce qui concerne la déclaration de guerre à la France et à l'Angleterre, le comte Forgach va en conférer par téléphone avec le Ministère des Affaires Etrangères. Les objections proviennent du général de Conrad sur lequel je fais agir par l'attaché militaire et l'attaché naval.

Les navires anglais et français pénétrant dans l'Adriatique seront en tout cas traités en ennemis.

TSCHIRSCHKY.

<hr>

(1) D'après le déchiffrement.

(2) Remis à Vienne le 5 août 5 h. 10 après-midi, parvenu au Ministère des Affaires Etrangères 7 h. 40 soir. Timbre d'enregistrement à l'entrée : 5 août après-midi.

(3) Voir n° 874 et les numéros indiqués à la note 3.

N° 879
L'Ambassade d'Autriche-Hongrie
au Ministère des Affaires Etrangères (1).

Berlin, le 5 août 1914 (2).

Note

Le comte Szapary a été chargé hier par le comte Berchtold de notifier au Gouvernement russe qu'en raison de la guerre qui a éclaté entre l'Allemagne et la Russie à la suite d'une attaque russe, ainsi que vu l'attitude menaçante de la Russie vis-à-vis de notre conflit avec la Serbie, nous nous considérons comme étant en état de guerre avec la Russie (3).

<hr>

(1) D'après l'expédition non signée.

(2) Timbre d'enregistrement à l'entrée du Ministère des Affaires Etrangères : 6 août matin. A été soumis à l'Empereur qui y a apposé la note suivante : « 12 h. 30 matin, 6. VIII. 14 ».

(3) Comme au n° 878.

NOTE DE L'AUTRICHE-HONGRIE

A LA SERBIE

NOTE DE L'AUTRICHE-HONGRIE A LA SERBIE

**Le Ministre des Affaires Etrangères
d'Autriche-Hongrie au Ministre à Belgrade (1).**

Vienne, le 22 juillet 1914 (2).

Je vous prie de vouloir bien remettre au Gouvernement royal le jeudi 23 juillet après-midi, entre 4 et 5 heures la note suivante :

« Le 31 mars 1909 le Ministre de Serbie à Vienne a fait d'ordre de son Gouvernement au Gouvernement I. et R. la déclaration suivante :

« La Serbie reconnaît qu'elle n'a pas été atteinte dans ses
« droits par le fait accompli créé en Bosnie-Hercégovine
« et qu'elle se conformera par conséquent à telle décision
« que les Puissances prendront par rapport à l'article xxv du
« Traité de Berlin. Se rendant aux Conseils des Grandes
« Puissances la Serbie s'engage dès à présent à abandonner
« l'attitude de protestation et d'opposition qu'elle a observée
« à l'égard de l'annexion depuis l'automne dernier, et elle
« s'engage, en outre, à changer le cours de sa politique
« actuelle envers l'Autriche-Hongrie pour vivre désormais
« avec cette dernière sur le pied d'un bon voisinage ».

« Or, l'histoire des dernières années, et notamment les événements douloureux du 28 juin, ont démontré l'existence en Serbie d'un mouvement subversif dont le but est de détacher de la Monarchie austro-hongroise certaines parties de ses territoires. Ce mouvement qui a pris jour sous les yeux

---

(1) D'après le Livre Rouge autrichien de 1919, n° 27. (Le comte Berchtold au baron de Giesl à Belgrade.)

(2) Sur le Livre Rouge autrichien, ce document est daté du 20 juillet 1914. (Note du Traducteur.)

du Gouvernement Serbe est arrivé à se manifester au-delà du territoire du Royaume par des actes de terrorisme, par une série d'attentats et par des meurtres.

« Le Gouvernement Royal Serbe, loin de satisfaire aux engagements formels contenus dans la déclaration du 31 mars 1909, n'a rien fait pour supprimer ce mouvement : il a toléré l'activité criminelle des différentes sociétés et affiliations dirigées contre la Monarchie, le langage effréné de la presse, la glorification des auteurs d'attentats, la participation d'officiers et de fonctionnaires dans les agissements subversifs, une propagande malsaine dans l'instruction publique, toléré enfin toutes les manifestations qui pouvaient induire la population serbe à la haine de la Monarchie et au mépris de ses institutions.

« Cette tolérance coupable du Gouvernement Royal de Serbie n'avait pas cessé au moment où les événements du 28 juin dernier en ont démontré au monde entier les conséquences funestes.

« Il résulte des dépositions et aveux des auteurs criminels de l'attentat du 28 juin, que le meurtre de Sarajevo a été tramé à Belgrade, que les armes et explosifs dont les meurtriers se trouvaient être munis, leur ont été donnés par des officiers et fonctionnaires serbes faisant partie de la « Narodna odbrana » et enfin que le passage en Bosnie des criminels et de leurs armes a été organisé et effectué par des chefs du service-frontière serbe.

« Les résultats mentionnés de l'instruction ne permettent pas au Gouvernement I. et R. de poursuivre plus longtemps l'attitude de longanimité expectative qu'il avait observée pendant des années vis-à-vis des agissements concentrés à Belgrade, et propagés de là sur les territoires de la Monarchie ; ces résultats lui imposent au contraire le devoir de mettre fin à des menées qui forment une menace perpétuelle pour la tranquillité de la Monarchie.

« C'est pour atteindre ce but que le Gouvernement I. et R. se voit obligé de demander au Gouvernement Serbe, l'énonciation officielle qu'il condamne la propagande dirigée contre la Monarchie austro-hongroise, c'est-à-dire l'ensemble des tendances qui aspirent en dernier lieu à détacher de la Monarchie des territoires qui en font partie, et qu'il s'engage à supprimer, par tous les moyens, cette propagande criminelle et terroriste.

« Afin de donner un caractère solennel à cet engagement, le Gouvernement Royal de Serbie fera publier à la première page du *Journal Officiel*, en date du 26/13 juillet, l'énonciation suivante :

« Le Gouvernement Royal de Serbie condamne la propa-
« gande dirigée contre l'Autriche-Hongrie, c'est-à-dire l'en-
« semble des tendances qui aspirent en dernier lieu à déta-
« cher de la Monarchie austro-hongroise des territoires qui
« en font partie, et il déplore sincèrement les conséquences
« funestes de ces agissements criminels.

« Le Gouvernement Royal regrette que des officiers et
« fonctionnaires serbes aient participé à la propagande sus-
« mentionnée et compromis par là les relations de bon voi-
« sinage auquel (3) le Gouvernement Royal s'était solennelle-
« ment engagé par sa déclaration du 31 mars 1909.

« Le Gouvernement Royal qui désapprouve et répudie
« toute idée ou tentative d'immixtion dans les destinées des
« habitants de quelque partie de l'Autriche-Hongrie que ce
« soit, considère de son devoir d'avertir formellement les
« officiers, les fonctionnaires et toute la population du
« Royaume que dorénavant il procédera avec la dernière
« rigueur contre les personnes qui se rendraient coupables
« de pareils agissements, agissements qu'il mettra tous ses
« efforts à prévenir et à réprimer. »

« Cette énonciation sera portée simultanément à la connaissance de l'Armée Royale par un ordre du jour de Sa Majesté le Roi et sera publiée dans le *bulletin officiel de l'Armée*.

« Le Gouvernement Royal Serbe s'engage en outre :

1° à supprimer toute publication qui excite à la haine et au mépris de la Monarchie et dont la tendance générale est dirigée contre son intégrité territoriale ;

____

(3) *Sic* dans le texte (Note du Traducteur).

2° à dissoudre immédiatement la Société dite « Narodna odbrana », à confisquer tous ses moyens de propagande, et à procéder de la même manière contre les autres sociétés et affiliations en Serbie qui s'adonnent à la propagande contre la Monarchie austro-hongroise ; le Gouvernement Royal prendra les mesures nécessaires pour que les sociétés dissoutes ne puissent pas continuer leur activité sous un autre nom et sous une autre forme ;

3° à éliminer sans délai de l'instruction publique en Serbie, tant en ce qui concerne le corps enseignant que les moyens d'instruction, tout ce qui sert ou pourrait servir à fomenter la propagande contre l'Autriche-Hongrie ;

4° à éloigner du service militaire et de l'administration en général tous les officiers et fonctionnaires coupables de la propagande contre la Monarchie austro-hongroise, et dont le Gouvernement I. et R. se réserve de communiquer les noms et les faits au Gouvernement Royal ;

5° à accepter la collaboration en Serbie des organes du Gouvernement I. et R. dans la suppression du mouvement subversif dirigé contre l'intégrité territoriale de la Monarchie ;

6° à ouvrir une enquête judiciaire contre les partisans du complot du 28 juin se trouvant sur territoire serbe ;

des organes, délégués par le Gouvernement I. et R., prendront part aux recherches y relatives ;

7° à procéder d'urgence à l'arrestation du commandant Voija Tankosic, et du nommé Milan Ciganovic, employé de l'Etat Serbe, compromis par les résultats de l'instruction de Sarajevo ;

8° à empêcher, par des mesures efficaces, le concours des Autorités Serbes dans le trafic illicite d'armes et d'explosifs à travers la frontière ;

à licencier et punir sévèrement les fonctionnaires du service-frontière de Schabatz et de Loznica coupables d'avoir aidé les auteurs du crime de Sarajevo en leur facilitant le passage de la frontière ;

9° à donner au Gouvernement I. et R. des explications sur les propos injustifiables de hauts fonctionnaires serbes tant en Serbie qu'à l'étranger qui, malgré leur position officielle, n'ont pas hésité après l'attentat du 28 juin de s'exprimer dans des interviews d'une manière hostile envers la Monarchie austro-hongroise, enfin

10° d'avertir, sans retard, le Gouvernement I. et R. de *l'exécution des mesures comprises dans les points précédents.*

« Le Gouvernement I. et R. attend la réponse du Gouvernement Royal, au plus tard jusqu'au samedi 25 de ce mois à 5 h. du soir.

« Un mémoire concernant les résultats de l'instruction de Sarajevo à l'égard des fonctionnaires mentionnés aux points 7 et 8, est annexé à cette Note » (4).

A l'occasion de la remise de la présente Note, vous voudrez bien ajouter verbalement, qu'au cas où dans l'intervalle vous n'auriez pas reçu du Gouvernement royal une réponse contenant une acceptation *sans réserves*, vous avez pour instructions, à l'expiration d'un délai de quarante-huit heures, à compter du jour et de l'heure de votre communication, de quitter Belgrade avec le personnel de la Légation I. et R.

ANNEXE A LA NOTE (5).

L'instruction criminelle ouverte par le tribunal de Sarajevo contre Gavrilo Princip et consorts du chef d'assassinat et de complicité y relative, *crime commis par eux le 28 juin* dr., a jusqu'ici abouti aux constatations suivantes :

1° Le complot ayant pour but d'assassiner, lors de son séjour à Sarajevo, l'archiduc François Ferdinand fut formé à Belgrade par Gavrilo Princip, Nedeljko Cabrinovic, le nommé Milan Ciganovic et Trifko Grabez avec le concours du commandant Voija Tankosic.

2° Les 6 bombes et les 4 pistolets Browning avec munitions, moyennant lesquels les malfaiteurs ont commis l'attentat, furent livrés à Belgrade à Princip, Cabrinovic et Grabez

---

4) Reproduction littérale de l'original en français. (Note du Traducteur.)

(5) Cet annexe, qui ne se trouve pas dans les *Documents allemands*, est reproduit ici littéralement d'après le texte français du Livre Rouge autrichien de 1919 (Note du Traducteur).

par le nommé Milan Ciganovic et le commandant Voija Tankosic.

3° Les bombes sont des grenades à la main provenant du dépôt d'armes de l'armée serbe à Kragujevac.

4° Pour assurer la réussite de l'attentat, Ciganovic enseigna à Princip, Cabrinovic et Grabez la manière de se servir des grenades et donna, dans une forêt près du champ de tir à Topschider, des leçons de tir avec pistolets Browning à Princip et Grabez.

5° Pour rendre possible à Princip, Cabrinovic et Grabez de passer la frontière de Bosnie-Hercégovine et d'y introduire clandestinement leur contrebande d'armes, un système de transport secret fut organisé par Ciganovic.

D'après cette organisation l'introduction en Bosnie-Hercégovine des malfaiteurs et de leurs armes fut opéré par les Capitaines-frontière de Sabac (Rade Popovic) et de Loznica ainsi que par le douanier Rudivoj Grbic de Loznica avec le concours de divers particuliers.

ANNEXE II

TRAITÉ DE LA TRIPLE ALLIANCE

DANS SA RÉDACTION DU 5 DÉCEMBRE 1912

AVEC LES DEUX PROTOCOLES ADDITIONNELS

EN DATE DU MÊME JOUR

TRAITÉ DE LA TRIPLE ALLIANCE

DANS SA RÉDACTION DU 5 DÉCEMBRE 1912 [1]

Leurs Majestés
l'Empereur d'Allemagne, Roi de Prusse,
l'Empereur d'Autriche, Roi de Bohème, etc. et Roi
Apostolique de Hongrie
et
le Roi d'Italie,
fermement résolus d'assurer à Leurs Etats la continuation des bienfaits que leur garantit, au point de vue politique aussi bien qu'au point de vue monarchique et social, le maintien de la Triple Alliance, et voulant dans ce but prolonger la durée de cette alliance, conclue le 20 mai 1882, renouvelée une première fois par les Traités du 20 février 1887, une seconde fois par le Traité du 6 mai 1891 et une troisième fois par le Traité du 28 juin 1902, ont, à cet effet, nommé comme Leurs plénipotentiaires, savoir :

Sa Majesté l'Empereur d'Allemagne, Roi de Prusse :
le Sieur Heinrich von Tschirschky und Bögendorff, Son Ambassadeur Extraordinaire et Plénipotentiaire près Sa Majesté l'Empereur d'Autriche, Roi de Bohème, etc. et Roi Apostolique de Hongrie ;

Sa Majesté l'Empereur d'Autriche, Roi de Bohème, etc. et Roi Apostolique de Hongrie :
le Comte Léopold Berchtold von und zu

---

[1] D'après le texte original se trouvant aux archives du Ministère des Affaires Étrangères. Au lieu de « Bohême », on a mis « Bohème ». Le mot « Traité » a été écrit partout avec un « T ».

Ungarschitz, Son Ministre de la Maison Impériale et Royale et des Affaires Étrangères,
Président du Conseil commun des Ministres ;
et

Sa Majesté le Roi d'Italie :

le Duc Giuseppe d'Avarna, Son Ambassadeur
Extraordinaire et Plénipotentiaire près Sa
Majesté l'Empereur d'Autriche, Roi de Bohême,
etc. et Roi Apostolique de Hongrie,

lesquels, après échange de leurs pleins-pouvoirs, trouvés
en bonne et due forme, sont convenus des articles suivants :

Article I

Les Hautes Parties contractantes se promettent mutuellement paix et amitié et n'entreront dans aucune alliance ou
engagement dirigé contre l'un de Leurs États.

Elles s'engagent à procéder à un échange d'idées sur les
questions politiques et économiques d'une nature générale
qui pourraient se présenter, et se promettent en outre Leur
appui mutuel dans la limite de Leurs propres intérêts.

Article II

Dans le cas où l'Italie, sans provocation directe de sa part,
serait attaquée par la France pour quelque motif que ce
soit, les deux autres Parties contractantes seront tenues à
prêter à la Partie attaquée secours et assistance avec toutes
Leurs forces.

Cette même obligation incombera à l'Italie dans le cas d'une
agression non directement provoquée de la France contre
l'Allemagne.

Article III

Si une ou deux des Hautes Parties contractantes, sans provocation directe de Leur part, venaient à être attaquées et à
se trouver engagées dans une guerre avec deux ou plusieurs
Grandes Puissances non signataires du présent Traité, le
« casus foederis » se présentera simultanément pour toutes
les Hautes Parties contractantes.

Article IV

Dans le cas où une Grande Puissance non signataire du présent Traité menacerait la sécurité des États de l'une des Hautes Parties contractantes, et la Partie menacée se verrait, par là, forcée de lui faire la guerre, les deux autres s'obligent à observer, à l'égard de Leur allié, une neutralité bienveillante. Chacune se réserve, dans ce cas, la faculté de prendre part à la guerre, si Elle le jugeait à propos, pour faire cause commune avec Son allié.

Article V

Si la paix de l'une des Hautes Parties contractantes venait à être menacée dans les circonstances prévues par les articles précédents, les Hautes Parties contractantes se concerteront en temps utile sur les mesures militaires à prendre en vue d'une coopération éventuelle.

Elles s'engagent, dès à présent, dans tous les cas de participation commune à une guerre, à ne conclure ni armistice ni paix ni Traité que d'un commun accord entre Elles.

Article VI

L'Allemagne et l'Italie n'ayant en vue que le maintien, autant que possible, du *statu quo* territorial en Orient, s'engagent à user de Leur influence pour prévenir, sur les côtes et îles ottomanes dans la Mer Adriatique et dans la Mer Egée, toute modification territoriale qui porterait dommage à l'une ou à l'autre des Puissances signataires du présent Traité. Elles se communiqueront, à cet effet, tous les renseignements de nature à s'éclairer mutuellement sur Leurs propres dispositions ainsi que sur celles d'autres Puissances.

Article VII

L'Autriche-Hongrie et l'Italie, n'ayant en vue que le maintien, autant que possible, du *statu quo* territorial en Orient, s'engagent à user de Leur influence pour prévenir toute modification territoriale qui porterait dommage à l'une ou à l'autre des Puissances signataires du présent Traité. Elles se communiqueront, à cet effet, tous les renseignements de nature à s'éclairer mutuellement sur leurs propres dispositions, ainsi que sur celles d'autres Puissances. Toutefois dans le cas où, par suite des événements, le maintien du *statu quo* dans les Régions des Balkans ou des côtes et îles ottomanes dans l'Adriatique et dans la Mer Egée deviendrait impossible et que, soit en conséquence de l'action d'une Puissance tierce soit autrement, l'Autriche-Hongrie ou l'Italie se verraient dans la nécessité de le modifier par une occupation temporaire ou permanente de Leur part, cette occupation n'aura lieu qu'après un accord préalable entre les deux Puissances, basé sur le principe d'une compensation réciproque pour tout avantage, territorial ou autre, que chacune d'Elles obtiendrait en sus du *statu quo* actuel et donnant satisfaction aux intérêts et aux prétentions bien fondées des deux Parties.

Article VIII

Les stipulations des articles vi et vii ne s'appliqueront d'aucune manière à la question égyptienne au sujet de laquelle les Hautes Parties contractantes conservent respectivement Leur liberté d'action, eu égard toujours aux principes sur lesquels repose le présent Traité.

Article IX

L'Allemagne et l'Italie s'engagent à s'employer pour le maintien du *statu quo* territorial dans les régions nord-africaines sur la Méditerranée, à savoir la Cyrénaïque, la Tripolitaine et la Tunisie. Les représentants des deux Puissances dans ces régions auront pour instruction de se tenir dans la plus étroite intimité de communications et assistance mutuelles.

Si malheureusement, en suite d'un mûr examen de la situation, l'Allemagne et l'Italie reconnaissaient l'une et l'autre que le maintien du *statu quo* devenait impossible, l'Allemagne s'engage, après un accord formel et préalable, à appuyer l'Italie en toute action sous la forme d'occupation ou autre prise de garantie que cette dernière devrait entre-

prendre dans ces mêmes régions en vue d'un intérêt d'équilibre et de légitime compensation.

Il est entendu que pour pareille éventualité les deux
Puissances chercheraient à se mettre également d'accord
avec l'Angleterre. »

ARTICLE X

S'il arrivait que la France fît acte d'étendre son occupation ou bien son protectorat ou sa souveraineté, sous une
forme quelconque, sur les territoires nord-africains, et qu'en
conséquence de ce fait l'Italie crût devoir, pour sauvegarder
sa position dans la Méditerranée, entreprendre elle-même
une action sur les dits territoires nord-africains, ou bien
recourir sur le territoire français en Europe aux mesures
extrêmes, l'état de guerre qui s'en suivrait entre l'Italie et la
France constituerait *ipso facto*, sur la demande de l'Italie et
à la charge commune de l'Allemagne et de l'Italie, le *casus
foederis* prévu par les articles ii et v du présent Traité,
comme si pareille éventualité y était expressément visée.

ARTICLE XI

Si les chances de toute guerre entreprise en commun contre la France par les deux Puissances amenaient l'Italie à
rechercher des garanties territoriales à l'égard de la France,
pour la sécurité des frontières du Royaume et de sa position
maritime ainsi qu'en vue de la stabilité et de la paix, l'Allemagne n'y mettra aucun obstacle et, au besoin et dans une
mesure compatible avec les circonstances, s'appliquera à
faciliter les moyens d'atteindre un semblable but.

ARTICLE XII

Les Hautes Parties contractantes se promettent mutuellement le secret sur le contenu du présent Traité.

ARTICLE XIII

Les Puissances signataires se réservent d'y introduire
ultérieurement, sous forme de protocole et d'un commun

accord, les modifications dont l'utilité serait démontrée par les circonstances.

ARTICLE XIV

Le présent Traité restera en vigueur pour l'espace de six ans à partir de l'expiration du Traité actuel ; mais s'il n'avait pas été dénoncé un an à l'avance par l'une ou l'autre des Hautes Parties contractantes, il restera en vigueur pour la même durée de six autres années.

ARTICLE XV

Les ratifications du présent Traité seront échangées à Vienne, dans un délai de quinze jours ou plus tôt, si faire se peut (2).

En foi de quoi, les Plénipotentiaires respectifs ont signé le présent Traité et y ont apposé le cachet de leurs armes.

Fait à Vienne, en triple exemplaire, le cinquième jour du mois de décembre mil neuf cent douze (3).

(Sceau)	von TSCHIRSCHKY,
(Sceau)	BERCHTOLD,
(Sceau)	AVARNA.

---

(2) L'échange des ratifications a eu lieu à Vienne le 19 décembre 1912. Transmis le 19 décembre par l'ambassade à Vienne au Ministère des Affaires Etrangères. Timbre d'enregistrement à l'entrée du Ministère des Affaires Etrangères : 20 décembre matin.

(3) Reproduction littérale de l'original en français (Note du Traducteur).

Protocoles additionnels du 5 décembre 1912.

Protocole

Au moment de procéder à la signature du Traité de ce jour entre l'Allemagne, l'Autriche-Hongrie et l'Italie, les Plénipotentiaires soussignés de ces trois Puissances, à ce dûment autorisés, se déclarent mutuellement ce qui suit :

1. Sauf réserve d'approbation parlementaire pour les stipulations effectives qui découleraient de la présente déclaration de principes, les Hautes Parties contractantes se promettent, dès ce moment, en matière économique (finances, douanes, chemins de fer), en sus du traitement de la nation la plus favorisée, toutes les facilités et tous les avantages particuliers qui seraient compatibles avec les exigences de chacun des trois Etats et avec Leurs engagements respectifs avec les tierces Puissances.

2. L'accession de l'Angleterre étant déjà acquise, en principe, aux stipulations du Traité de ce jour qui concernent l'Orient proprement dit, à savoir les territoires de l'Empire Ottoman, les Hautes Parties contractantes s'emploieront, au moment opportun et pour autant que les circonstances le comporteraient, à provoquer une accession analogue à l'égard des territoires nord-africains de la partie centrale et occidentale de la Méditerranée, le Maroc compris. Cette accession pourrait se réaliser moyennant acceptation, de la part de l'Angleterre, du programme établi aux articles ix et x du Traité de ce jour.

En foi de quoi, les trois Plénipotentiaires ont signé, en triple exemplaire, le présent protocole.

Fait à Vienne, le cinquième jour du mois de décembre mil neuf cent douze.

von Tschirschky.
Berchtold.
Avarna.

Protocole.

Au moment de procéder à la signature du Traité de ce jour entre l'Allemagne, l'Autriche-Hongrie et l'Italie, les Plénipotentiaires soussignés de ces trois Puissances, à ce dûment autorisés, se déclarent mutuellement ce qui suit :

1. Il est entendu que le *statu quo* territorial dans les régions nord-africaines sur la Méditerranée, mentionné dans l'article ix du Traité du 28 juin 1902, implique la souveraineté de l'Italie sur la Tripolitaine et la Cyrénaïque.

2. Il est également entendu que l'article x du même Traité a pour base le *statu quo* territorial existant dans les régions nord-africaines au moment de la signature du Traité.

3. Il est entendu que les arrangements spéciaux concernant l'Albanie et le Sandjak de Novi-Bazar, convenus entre l'Autriche-Hongrie et l'Italie le $\dfrac{20 \text{ décembre } 1900}{9 \text{ février } 1901}$ et le $\dfrac{20 \text{ novembre}}{15 \text{ décembre}}$ 1909 ne sont pas modifiés par le renouvellement du Traité d'alliance entre l'Allemagne, l'Autriche-Hongrie et l'Italie.

En foi de quoi, les trois Plénipotentiaires ont signé, en triple exemplaire, le présent protocole.

Fait à Vienne, le cinquième jour du mois de décembre mil neuf cent douze (1).

von Tschirschky.
Berchtold.
Avarna.

---

(1) Reproduction littérale des originaux en français des deux protocoles (Note du Traducteur).

TRAITÉ D'ALLIANCE
AUSTRO-HONGROIS - ROUMAIN
DANS SA RÉDACTION DU 5 FÉVRIER 1913

AVEC LA

DÉCLARATION D'ACCESSION DE L'ALLEMAGNE
DU 26 FÉVRIER 1913

TRAITÉ D'ALLIANCE

AUSTRO-HONGROIS-ROUMAIN

DANS SA RÉDACTION DU 5 FÉVRIER 1913

AVEC LA DÉCLARATION D'ACCESSION DE L'ALLEMAGNE

DU 26 FÉVRIER 1913 (1).

———

Sa Majesté l'Empereur d'Autriche, Roi de Bohème, etc. et Roi Apostolique de Hongrie
et
Sa Majesté le Roi de Roumanie, ayant conclu à Bucarest le 5 du mois courant, le Traité d'amitié et d'alliance suivant :

« Sa Majesté l'Empereur d'Autriche, Roi de Bohème, etc. et Roi Apostolique de Hongrie
et
Sa Majesté le Roi de Roumanie,
animés d'un égal désir de maintenir la paix générale conformément au but poursuivi par l'alliance austro-hongroise-allemande, d'assurer l'ordre politique et de garantir contre toutes les éventualités la parfaite amitié qui les lie,

ayant pris en considération les stipulations du Traité signé à cette fin le 25 juillet 1892 entre l'Au-

———

(1) D'après le texte original se trouvant aux archives du Ministère des Affaires Étrangères. L'indication des distinctions honorifiques des Plénipotentiaires est remplacée par « etc. » L'échange des ratifications a eu lieu à Bucarest le 23 février/8 mars 1913. Transmis par la légation à Bucarest le 8 mars. Timbre d'enregistrement à l'entrée du Ministère des Affaires Étrangères: 11 mars 1913 après-midi.

Doc. IV.

triche-Hongrie et la Roumanie, Traité qui, par sa nature
essentiellement conservatrice et défensive, ne poursuit
que le but de les prémunir contre les dangers qui pourraient menacer la paix de Leurs Etats,

et désirant constater une fois de plus l'entente
établie entre Leurs Majestés en prévision de certaines
éventualités mentionnées dans le Traité du 25 juillet 1892 dont la durée a été prolongée jusqu'au 25 juillet 1903 par le protocole signé à Sinaïa le 30 septembre 1896 et qui a été renouvelé par le Traité signé
à Bucarest le 17 avril 1902,

ont résolu de renouveler et de confirmer par un
nouvel accord, les engagements contenus dans le susdit
Traité.

A cet effet, Leurs dites Majestés ont nommé pour
Leurs Plénipotentiaires, savoir :

Sa Majesté l'Empereur d'Autriche, Roi de Bo-
héme etc. et Roi Apostolique de Hongrie :

le Sieur Charles Emile Prince de Fürstenberg, Son
Chambellan, Envoyé extraordinaire et Ministre plénipotentiaire près Sa Majesté le Roi de Roumanie, Che-
valier, etc.

Sa Majesté le Roi de Roumanie :

le Sieur Titus Maïoresco, Président du conseil des
Ministres, Son Ministre des Affaires Etrangères, Grand
Croix, etc.

lesquels, après s'être communiqué leurs pleins-
pouvoirs, trouvés en bonne et due forme, sont convenus des articles suivants :

Article I

Sont renouvelées et confirmées de commun accord
les stipulations contenues dans les articles 1, 2, 3, 4
et 6 du Traité signé le 25 juillet 1892 entre l'Autriche-
Hongrie et la Roumanie et dont le texte suit ci-après:

Article I

Les hautes Parties contractantes se promet-

tent paix et amitié et n'entreront dans aucune
alliance ou engagement dirigés contre l'un de
Leurs Etats. Elles s'engagent à suivre une politique amicale et à se prêter un appui mutuel
dans la limite de Leurs intérêts.

Article 2

Si la Roumanie, sans provocation aucune de
sa part, venait à être attaquée, l'Autriche-
Hongrie est tenue à lui porter en temps utile
secours et assistance contre l'agresseur. Si l'Autriche-Hongrie était attaquée dans les mêmes
circonstances dans une partie de ses Etats limi-
trophe à la Roumanie, le *casus fœderis* se présentera aussitôt pour cette dernière.

Article 3

Si une des hautes Parties contractantes se
trouvait menacée d'une agression dans les conditions susmentionnées, les gouvernements respectifs se mettront d'accord sur les mesures à
prendre en vue d'une coopération de leurs
armées. Ces questions militaires, notamment
celles de l'unité des opérations et du passage
des territoires respectifs, seront réglées par une
convention militaire.

Article 4

Si, contrairement à Leur désir et espoir, les
hautes Parties contractantes étaient forcées à
une guerre commune dans les *circonstances*
prévues par les articles précédents, Elles s'engagent à ne négocier ni conclure séparément la
paix.

Article 6

Les hautes Parties contractantes se promettent mutuellement le secret sur le contenu du
présent Traité.

Article II

Les articles ci-dessus reproduits resteront en vigueur jusqu'au 8 juillet 1920. Si une année avant son expiration le présent Traité n'est pas dénoncé ou si la révision n'en est pas demandée par aucune des hautes Parties contractantes, il sera considéré comme prolongé pour la durée de six années, et ainsi de suite de six ans à six ans, à défaut de dénonciation.

Article III

Le présent Traité sera ratifié, et les ratifications seront échangées dans un délai de trois semaines ou plus tôt, si faire se peut. »

ont invité Sa Majesté l'Empereur d'Allemagne, Roi de Prusse, à accéder aux dispositions du susdit Traité.

En conséquence, Sa Majesté l'Empereur d'Allemagne, Roi de Prusse, a muni de Ses pleins-pouvoirs à cet effet Son représentant à Bucarest, le soussigné Jules de Waldthausen. Envoyé extraordinaire et Ministre plénipotentiaire, pour adhérer formellement aux stipulations contenues dans le Traité susmentionné. En vertu de cet acte d'accession. Sa Majesté l'Empereur d'Allemagne, Roi de Prusse, prend au nom de l'Empire d'Allemagne envers Leurs Majestés l'Empereur d'Autriche. Roi de Bohême etc. et Roi Apostolique de Hongrie, et le Roi de Roumanie, et en même temps Leurs Majestés l'Empereur d'Autriche, Roi de Bohême etc. et Roi Apostolique de Hongrie et le Roi de Roumanie par les soussignés, le Sieur Charles Emile Prince de Fürstenberg, Son Chambellan, Envoyé extraordinaire et Ministre plénipotentiaire près Sa Majesté le Roi de Roumanie, et le Sieur Titus Maïoresco, Président du conseil des Ministres, Son Ministre des Affaires Étrangères, dûment autorisés à cet effet, prennent envers Sa Majesté l'Empereur d'Allemagne, Roi de Prusse. les mêmes engagements auxquels les hautes Parties contractantes se sont mutuellement obligées par les stipulations du dit traité inséré ci-dessus.

Le présent acte d'accession sera ratifié et les ratifications seront échangées dans un délai de trois semaines ou plus tôt, si faire se peut.

En foi de quoi, les Plénipotentiaires respectifs ont signé le présent acte d'accession et y ont apposé le sceau de leurs armes.

Fait à Bucarest le $\dfrac{\text{vingt-sixième}}{\text{treizième}}$ jour du mois de février de l'an de grâce mil neuf cent treize (2).

(Sceau)   WALDTHAUSEN
(Sceau)   PRINCE CHARLES ÉMILE DE FURSTENBERG.
(Sceau)   T. MAÏORESCO.

----

(2) Reproduction littérale de l'original en français (Note du Traducteur).

ANNEXE IV

———

RAPPORTS, TÉLÉGRAMMES
ET CONVERSATIONS TÉLÉPHONIQUES

DE LA

LÉGATION DE BAVIÈRE A BERLIN

1. Les rapports et les télégrammes ont été reproduits d'après les minutes, les conversations téléphoniques d'après les notes des archives de la légation. Pour les rapports, on a omis les formes de courtoisie usitées d'après le protocole bavarois, au commencement et à la fin. Les mots abrégés ont été imprimés en entier.

2. Dans les archives de la légation, les rapports sont numérotés, les télégrammes ne le sont pas. Les rapports, dont les numéros manquent, ou bien n'appartiennent pas aux rapports relatifs à l'action contre la Serbie, ou bien se réfèrent à des objets sans importance comme la délivrance de passeports.

3. Les rapports ont été en règle générale, transmis par le train du soir de Berlin à Munich où ils sont parvenus le matin du jour suivant.

4. Les dates de départ et d'arrivée des télégrammes ont pu être complétées à l'aide des copies des archives du Ministère des Affaires Etrangères de Munich.

Le Ministre à Berlin
au Président du Conseil des Ministres.

Rapport 364.   Berlin, le 2 juillet 1914.

Sa Majesté l'Empereur a renoncé à se rendre aux funérailles à Vienne, comme on l'a dit officiellement, en raison d'une légère indisposition. Mais, d'après mes informations, la véritable raison est que, pour ménager l'Empereur François-Joseph, on a prié l'Empereur Guillaume de s'abstenir de sa visite. Pourquoi à Vienne, après avoir refusé toutes les autres visites, n'a-t-on pas immédiatement refusé la visite de l'Empereur, mais au contraire convenu de tous les détails du voyage? La raison ne m'en est pas connue.

La nouvelle alarmante d'hier d'après laquelle l'Autriche-Hongrie aurait revendiqué pour elle la direction de l'enquête en Serbie et la Serbie aurait rejeté cette ingérence, a été démentie dans l'intervalle. Au Ministère des Affaires Étrangères d'ici on espère que la Serbie ne négligera rien pour traduire en justice les personnes coupables du complot. Le Sous-Secrétaire d'État Zimmermann, dans une conversation avec le chargé d'affaires serbe, a signalé énergiquement les conséquences auxquelles pourrait aboutir un refus de la Serbie sous ce rapport, et a insisté auprès de l'ambassadeur de Russie pour qu'il déterminât son Gouvernement à tenir le même langage à Belgrade. M. Zimmermann, ainsi qu'il m'en a informé, a basé ce conseil sur l'indignation que l'attentat de Sarajevo a provoquée en Autriche-Hongrie, et sur le fait qu'on ne pouvait pas savoir ce qui arriverait si le Gouvernement serbe ne remplissait pas ses devoirs. Il n'était d'ailleurs pas besoin de rappeler à l'ambassadeur qu'un conflit entre la Serbie et l'Autriche-Hongrie mettrait immédiatement la Bulgarie aux prises avec la Grèce, et qu'on ne pouvait prévoir les conséquences ultérieures. Cela lui permettait —

à lui, Zimmermann — d'espérer que le Gouvernement russe, animé du désir de maintenir la paix du monde, serait prêt à faire entendre sa voix à Belgrade pour recommander une attitude loyale et conciliante.

Agréez,...

G. H. Leachenfeld.

N° 2

**Le Chargé d'affaires à Berlin
au Président du Conseil des Ministres.**

Rapport 386. Berlin, le 18 juillet 1914.

D'après des conversations que j'ai eues avec le Sous-Secrétaire d'Etat Zimmermann, avec les chefs de service chargés des affaires des Balkans et de la Triple Alliance au Ministère des Affaires Etrangères, et avec l'ambassadeur d'Autriche-Hongrie, j'ai l'honneur d'adresser à Votre Excellence le rapport suivant sur les mesures projetées par le Gouvernement austro-hongrois à l'égard de la Serbie :

La démarche que le Cabinet de Vienne a décidé d'entreprendre à Belgrade, et qui consistera dans la remise d'une note, aura lieu le 25 de ce mois. La remise de toute action jusqu'à ce moment-là a pour motif qu'on désirerait attendre le départ de MM. Poincaré et Viviani de Pétersbourg, pour ne pas faciliter aux puissances de la Duplice une entente en vue d'une contre-action éventuelle. Jusqu'ici on se donne à Vienne l'apparence de sentiments pacifiques par la mise en congé simultanée du Ministre de la Guerre et du chef de l'Etat-Major général, et on agit aussi, non sans résultats, sur la presse et sur la Bourse. On reconnaît ici que le Cabinet de Vienne agit habilement sous ce rapport, et on regrette seulement que le comte Tisza, qui auparavant se prononçait contre des mesures énergiques, ait un peu soulevé le voile par sa déclaration à la Chambre des Députés hongroise.

Ainsi que me l'a dit M. Zimmermann, la note, d'après ce qui a été établi jusqu'ici, contiendrait les exigences suivantes:

1. Une proclamation du Roi de Serbie dans laquelle il

serait dit que le Gouvernement serbe est entièrement étranger à l'agitation panserbe et la désapprouve.

2. L'ouverture d'une enquête contre les complices de l'attentat de Sarajevo et la participation d'un fonctionnaire autrichien à cette enquête.

3. Des poursuites contre tous ceux qui ont participé au mouvement panserbe.

Pour l'acceptation de ces demandes on assignera un délai de 48 heures.

Il est évident que la Serbie ne peut accepter de pareilles conditions qui sont incompatibles avec sa dignité d'État indépendant. La conséquence sera donc la guerre.

Ici, on admet très bien que l'Autriche profite de l'heure favorable, même aux risques de complications ultérieures. Mais le point de savoir si véritablement à Vienne on aura l'énergie de le faire, paraît à M. de Jagow ainsi qu'à M. Zimmermann encore fort douteux. Le Sous-Secrétaire d'État a déclaré que l'Autriche-Hongrie, grâce à son indécision et à son inconséquence, était maintenant devenue, comme autrefois la Turquie, l'homme malade de l'Europe, dont les Russes, les Italiens, les Roumains, les Serbes et les Monténégrins attendaient le partage. Une vigoureuse et heureuse intervention en Serbie amènerait les Autrichiens et les Hongrois à avoir de nouveau conscience d'être un État puissant, relèverait la vie économique de sa prostration, et contiendrait pendant des années les aspirations étrangères. Vu l'indignation que fait éprouver actuellement cet attentat à toute la Monarchie, on pouvait être sûr même des troupes slaves. Dans quelques années, si la propagande slave continuait, ce ne serait plus le cas, ainsi que le général Conrad de Hötzendorf en est convenu lui-même.

On est d'avis ici qu'il s'agit pour l'Autriche d'une heure décisive, et, pour cette raison, on a déclaré ici sans hésitation, en réponse à une demande de Vienne, que nous approuvions toute résolution qui serait prise à Vienne, même au risque d'une guerre avec la Russie. Le pouvoir en blanc qu'on a donné au chef du Cabinet du comte Berchtold, le comte Hoyos, qui était venu ici pour la remise d'une lettre autographe de l'Empereur et d'un mémoire détaillé, allait si loin que le Gouvernement austro-hongrois a été autorisé à négocier avec la Bulgarie pour la faire entrer dans la Triple Alliance.

A Vienne on ne paraît pas s'être attendu à une intervention si dépourvue de réserves de l'Allemagne en faveur de la Monarchie du Danube, et M. Zimmermann a l'impression qu'il était presque désagréable aux autorités toujours craintives et indécises de Vienne, de ne pas être exhortées par les Allemands à la prudence et à la modération. Le vacillement dans les résolutions de Vienne est prouvé par le fait suivant: Le comte Berchtold, trois jours après avoir posé ici la question d'une alliance éventuelle avec la Bulgarie, a télégraphié qu'il avait encore des objections à la conclusion d'une alliance avec la Bulgarie.

On aurait préféré ici que l'action contre la Serbie ne se fût pas fait attendre si longtemps, et qu'on n'eût pas laissé au Gouvernement serbe le temps d'offrir spontanément une satisfaction sous une pression franco-russe.

Comment les autres puissances se comporteront-elles au cas d'un conflit armé entre l'Autriche et la Serbie ? D'après les vues qui règnent ici, cela dépendra essentiellement du fait de savoir si l'Autriche se contentera d'un châtiment de la Serbie, ou si elle exigera aussi pour elle des dédommagements territoriaux. Dans le premier cas, on pourrait réussir à localiser le conflit, dans l'autre, par contre, de graves complications seraient inévitables.

Dans l'intérêt de la localisation de la guerre, le Gouvernement de l'Empire, immédiatement après la remise de la note autrichienne à Belgrade, engagera une action diplomatique auprès des grandes puissances. Il prétendra, en faisant ressortir que l'Empereur est engagé dans un voyage dans la Mer du Nord et que le chef du Grand Etat-Major général ainsi que le Ministre de la Guerre de Prusse sont en congé, avoir été aussi surpris de l'action autrichienne que les autres puissances (comme je me permets de l'insérer ici, le Gouvernement italien lui-même n'a pas été mis dans la confidence). Il fera valoir qu'il est de l'intérêt commun de tous les Etats

monarchiques que « le nid d'anarchistes de Belgrade » soit
anéanti, et il s'efforcera de faire prévaloir chez les puissances
le point de vue que le règlement du différend entre l'Autriche-Hongrie et la Serbie est une affaire qui ne concerne
que ces deux États. On s'abstiendra d'une mobilisation des
troupes allemandes, et on veut, par nos départements militaires, agir sur l'Autriche pour qu'elle ne mobilise pas toute
son armée, et en particulier les troupes stationnées en Galicie,
afin de ne pas déchaîner automatiquement une mobilisation
russe, qui nous forcerait alors, ainsi que la France, à recourir
aux mêmes mesures, et provoquerait ainsi une guerre européenne.

Le point décisif pour la réussite de la localisation du conflit sera en premier lieu l'attitude de la *Russie*.

Si la Russie ne veut à aucun prix la guerre contre l'Autriche
et l'Allemagne, elle peut très bien dans ce cas — et c'est le
côté favorable de la situation actuelle — rester inactive et
invoquer vis-à-vis des Serbes le fait que, pas plus que les
autres États civilisés, elle n'approuve un moyen de lutte qui
consiste à lancer des bombes et à tirer des coups de revolver.
Cela réussira en particulier tant que l'Autriche ne mettra pas
en question l'indépendance nationale de la Serbie. M. Zimmermann admet que l'Angleterre, aussi bien que la France, qui
ne peuvent guère désirer la guerre en ce moment, agiront sur
la Russie dans un sens pacificateur ; d'autre part, il compte
sur le fait que le « bluff » est une des armes favorites de la
politique russe, et que le Russe menace volontiers de l'épée,
mais qu'au moment décisif il ne la tire pas volontiers pour
les autres.

L'Angleterre n'empêchera pas l'Autriche de régler ses
comptes avec la Serbie : mais elle n'admettra pas un
démembrement de ce pays ; bien au contraire — conformément à ses traditions — elle se fera probablement le champion du principe des nationalités. Une guerre entre la Duplice
et la Triple Alliance serait vue peu favorablement par l'Angleterre au moment actuel, ne serait-ce qu'en égard à la situation
en Irlande. Mais, si on en venait là, nous trouverions, d'après
les vues qui règnent ici, nos cousins anglais aux côtés de nos

adversaires, car l'Angleterre craint la chute de la France, au cas d'une nouvelle défaite, au rang d'une puissance de second ordre et la destruction de l'équilibre européen, dont l'Angleterre considère le maintien comme répondant à ses intérêts.

L'Italie éprouverait très peu de satisfaction d'un châtiment de la Serbie par l'Autriche à laquelle elle ne veut concéder aucune extension d'influence dans les Balkans. Ainsi que me l'a dit le ministre de Bergen, conseiller référendaire au Ministère des Affaires Etrangères pour les affaires de la Triple Alliance, les rapports entre Vienne et Rome ne sont de nouveau rien moins qu'amicaux. A Vienne, on est très mécontent du ministre d'Italie en Albanie, Aliotti, qui paraît avoir intrigué contre l'Autriche, et l'ambassadeur de Mérey aurait, il y a quelques jours, reçu des instructions lui prescrivant de demander à l'Italie de changer toute sa politique, vu qu'une entente ultérieure ne serait autrement pas possible. Cette démarche était si énergique que San Giuliano en a été très irrité, et cette tension entre l'Autriche et l'Italie est dans la situation un élément très défavorable. Le démembrement de la Serbie, ou même l'annexion par l'Autriche du mont Lovcen, dans le Monténégro, qui domine les bouches de Cattaro, ne serait pas supportés par l'Italie sans qu'elle obtînt des compensations en échange. Il ne paraît pas impossible que l'Italie recoure à l'appel de ses réserves qu'elle peut justifier par la situation politique intérieure, en vue d'occuper, le cas échéant, Valona. M. Zimmermann est d'avis que l'Autriche ne devrait pas s'y opposer, vu que Valona serait un nouveau talon d'Achille pour l'Italie, et que l'éloignement entre Brindisi et Valona est trop grand pour que les Italiens puissent réussir à barrer complètement l'Adriatique.

Peut-être peut-on conclure d'une déclaration du conseiller d'ambassade d'Autriche-Hongrie, d'après laquelle il serait personnellement d'avis qu'on pourrait abandonner aux Italiens Valona, qu'on est prêt à accepter à Vienne la mainmise des Italiens sur le sud de l'Albanie.

Ainsi que je l'ai appris tout à fait confidentiellement, le conseiller d'ambassade à Vienne, le prince Stolberg, qui était encore ici il y a quelques jours, a été chargé de discuter avec le comte Berchtold la question d'une compensation en faveur de l'Italie, et d'insinuer sous une forme officieuse que l'on gagnerait l'Italie d'une façon durable si l'Autriche, en cas de grande extension de territoires, consentait la cession à l'Italie du sud du Trentin, c'est-à-dire de la partie de l'archevêché de Trente qui n'a jamais appartenu à l'ancien Empire d'Allemagne. On ne s'attend guère ici, il est vrai, à ce que le Cabinet de Vienne accueille cette idée, et c'est à dessein qu'on a chargé le conseiller d'ambassade, et non l'ambassadeur également présent à Vienne, d'amener la conversation sur le Trentin, pour ne pas indisposer par une suggestion officielle de cette nature.

En ce qui concerne *la Bulgarie*, l'ambassade d'Autriche-Hongrie d'ici admet que le Roi Ferdinand profiterait de l'explosion d'une guerre entre l'Autriche et la Serbie pour partir en guerre également contre la Serbie en vue de reconquérir les territoires qu'il a perdus par le Traité de Bucarest. Comme le danger existe dans ce cas que la Roumanie, comme dans la seconde guerre des Balkans, se tourne contre la Bulgarie — et il ne pourrait manquer cette fois encore d'une influence dans ce sens de la Russie qui ne veut rien entreprendre directement contre la Bulgarie — on a fait savoir ici, d'une façon ne permettant aucune méprise, au Roi Carol, dont l'attitude dans ces derniers temps donnait peu de satisfaction, que l'Allemagne se placerait aux côtés de la Bulgarie au cas où la Roumanie ne laisserait pas abattre la Serbie. D'après la réponse du Roi, on admet ici que la Roumanie restera tranquille si on lui offre la perspective d'un dédommagement. Comme objet de compensation, on pourrait envisager le territoire de Vidin dont la population est en majorité roumaine. Alors, dans ce cas, la Roumanie serait d'elle-même gagnée à la Triple Alliance qui se serait montrée plus utile et plus forte que la Duplice.

La Grèce, qui verrait volontiers une diminution de la Serbie, serait dédommagée en Épire et aurait à céder Cavalla à la Bulgarie.

En ce qui concerne enfin *le Monténégro*, on espère que

l'intelligent Roi Nicolas trouvera avantageux de laisser les Serbes seuls aux prises avec l'Autriche. En échange de la cession du Lovcen, que l'Autriche revendiquera éventuellement pour elle, au cas d'une grande modification de la carte des Balkans, le Monténégro pourrait recevoir des dédommagements dans l'Albanie du nord.

Mais quel pourra être le sort de la Principauté d'Albanie. On ne peut actuellement le prévoir. Tout d'abord on verra continuer la situation déplorable qui est caractérisée à Paris par les mots : « les caisses sont vides, le thrône est Wied, tout est vide (1) » et a valu au Prince le sobriquet de « Prince du Vide » (2).

Agréez, etc.

V. SCHOEN.

------

(1) « les caisses sont vides, le thrône est Wied, tout est vide » reproduction littérale en français dans le texte (Note du Traducteur).

(2) « Prince du Vide », en français dans le texte (Note du Traducteur).

N° 3

Le Chargé d'affaires à Berlin
au Ministère des Affaires Etrangères

Télégramme.   Berlin, le 23 juillet 1914 (1).

La remise de la note autrichienne à la Serbie aura lieu cet après-midi.

Le délai de l'ultimatum expire samedi après-midi 5 heures.

SCHOEN.

------

(1) A l'Office télégraphique 23 juillet, 9 h. 30 matin.

N° 4

Le Chargé d'affaires à Berlin
au Président du Conseil des Ministres.

Rapport 394.   Berlin, le 23 juillet 1914.

Ainsi que je l'ai appris hier soir assez tard et que j'en ai

informé Votre Excellence par une dépêche chiffrée (1),
d'après une nouvelle décision du Cabinet de Vienne, la
remise de la note autrichienne à la Serbie n'aura pas lieu
le 25, mais aujourd'hui même, ce soir, et assez tard pour
que son contenu ne puisse pas être connu à Saint-Pétersbourg avant le départ de Poincaré pour Stockholm qui doit
avoir lieu ce soir à 11 heures.

Demain matin, la note sera portée officiellement à la connaissance des grandes puissances par les représentants de
l'Autriche Hongrie. La note sera accompagnée d'une annexe
exposant le résultat de l'enquête sur l'attentat de Sarajevo et
établissant la complicité des milieux officiels serbes.

La nouvelle rapportée par quelques journaux d'après
laquelle on n'aurait pas assigné au Gouvernement serbe un
délai pour l'acceptation des conditions autrichiennes est
inexacte ; bien au contraire, ainsi que j'ai déjà eu l'honneur
d'en informer Votre Excellence, on lui a assigné un délai de
48 heures.

La longue attente du Cabinet de Vienne avait ici impres-
sionné désagréablement les milieux officiels, et on aurait
désiré que la demande de satisfactions eût suivi immédiatement l'assassinat de l'Archiduc. Mais l'hésitation apparente
des milieux dirigeants autrichiens a eu un bon côté, car la
Serbie s'est laissé induire dans la croyance que l'Autriche,
cette fois encore, n'en viendrait pas à des mesures extrêmes.
Dans cette croyance, la presse serbe et même le Président
du Conseil des Ministres de Serbie ont adopté, vis-à-vis de
l'Autriche, un langage qui est, devant l'univers, pour le Gouvernement autrichien, la meilleure justification de son
procédé.

On ne peut prévoir aujourd'hui l'évolution des événements.
Il est toujours possible que la Serbie s'incline et se soumette
aux exigences de l'Autriche. Mais, d'après l'attitude qu'elle a
eue jusqu'ici, une pareille probabilité n'est certainement que
très minime. Si elle rejette les conditions autrichiennes, on
se demande si on effectuera immédiatement en Autriche la

------

(1) Voir n° 3.

mobilisation — pour laquelle il faut de 12 à 16 jours, ou, si pour exécuter les conditions, on entrera immédiatement en Serbie.

Le Ministère des Affaires Etrangères n'est également pas informé de l'attitude que le Gouvernement autrichien compte prendre après la soumission de la Serbie. Ainsi que mon confident me l'a fait savoir, l'entretien du conseiller d'ambassade, le prince Stolberg, avec le comte Berchtold, dont j'ai informé Votre Excellence dans mon rapport du 18 n° 386 (2), n'a eu lieu que « partiellement ». Le comte Berchtold aurait notamment déclaré qu'il n'avait pas l'intention de procéder à « une occupation durable du territoire serbe, et que par suite la question de compensations éventuelles à des tiers (l'Italie) ne se posait pas ».

Manifestement le Cabinet de Vienne ne veut pas se laisser lier les mains prématurément, mais attendre le cours des événements.

La question décisive sera celle de savoir si on réussira ou non à localiser le conflit.

Veuillez agréer, etc.

V. Schoen.

____

(2) Voir n° 2

N° 5

Le Président du Conseil des Ministres à Munich à la Légation à Berlin (1).

Télégramme.   Munich, le 23 juillet 1914.

Je vous prie de demander au Ministère des Affaires Etrangères, si l'on ne voit pas d'objections à la remise par l'entremise des autorités bavaroises, des ordres d'appel autrichiens destinés aux Autrichiens mobilisables et résidant en Bavière.

Nous n'avons pas encore reçu de demande formelle à ce sujet (2).

Hertling.

____

(1) Remis à Munich 7 h. 55 soir, parvenu à Berlin 8 h. 38 soir.

(2) Le chargé d'affaires à Berlin a répondu télégraphiquement le 24 juillet : « Le Gouvernement de l'Empire n'y voit pas d'inconvénient. »

N° 6
Le Chargé d'affaires à Berlin
au Ministère des Affaires Etrangères

Télégramme.

Berlin, le 25 juillet 1914 (1).

Suite au télégramme d'hier (2).

Le Gouvernement de l'Empire demande pour uniformiser la pratique dans l'Empire, de ne pas recourir à l'entremise des autorités bavaroises pour la remise des ordres d'appel ou la publication des ordres de mobilisation autrichiens, aussi longtemps que la mobilisation allemande n'aura pas lieu. Par contre, on donnera des facilités de parcours en chemin de fer aux mobilisables autrichiens.

Vous recevrez directement des instructions plus détaillées du Ministère des Chemins de fer de l'Empire.

SCHOEN.

(1) A l'Office télégraphique 3 h. 20 après-midi.
(2) Voir n° 5, note 2.

N° 7
Le Chargé d'affaires à Berlin
au Ministère des Affaires Etrangéres

Télégramme.

Berlin, le 26 juillet 1914 (1).

Je me réfère à mon télégramme d'hier (2).

Le Gouvernement de l'Empire et le Chancelier demandent personnellement et instamment d'éviter toute coopération des autorités bavaroises à la remise ou à la publication des ordres de mobilisation autrichiens, parce que cela paraîtrait une violation de la neutralité.

L'ambassade d'Autriche est complètement d'accord avec

(1) A l'Office télégraphique 1 h. 50 après-midi.
(2) Voir n° 6.

nous sur ce point. Le Gouvernement autrichien a donné des instructions à ses consulats dans ce sens.

Il importe de tenir soigneusement cachées les facilités de parcours données sur les chemins de fer.

Schœn.

Nº 8

**Le Chargé d'affaires à Berlin
au Ministère des Affaires Étrangères**

Communication téléphonique.

Berlin, le 26 juillet 1914 (1).

A la suite d'une question que j'ai posée à M. de Stumm, on m'a répondu par téléphone que Sa Majesté reviendrait ce soir à Potsdam, mais que, vu la possibilité d'un retour rapide à Munich, une renonciation par Sa Majesté le Roi, pour des motifs *politiques*, au voyage qu'il projetait, n'était pas nécessaire, et n'était pas à conseiller, pour éviter d'inquiéter inutilement l'opinion publique.

Une demande du Gouvernement saxon à l'effet de savoir si le retour de Sa Majesté le Roi de Saxe qui séjourne actuellement dans le Tyrol, paraissait s'imposer, aurait reçu une réponse conçue dans le même sens, c'est-à-dire négative.

Sch.[œn].

---

(1) Téléphoné 7 heures soir en réponse à une demande télégraphique du Ministère des Affaires Etrangères du 26 juillet 12 h. 45 après-midi « si le voyage de l'Empereur était interrompu et si le Roi devait renoncer à son voyage de huit jours dans le pays, tout d'abord à Bayreuth. »

Nº 9

**Le Chargé d'affaires à Berlin
au Président du Conseil des Ministres.**

Rapport 400.   Berlin, le 26 juillet 1914.

La nouvelle du rejet des conditions de l'Autriche par la Serbie qui a été connue assez tard dans la soirée, a été accueillie par la population de Berlin avec une chaude sympathie pour la Monarchie alliée du Danube. Partout, se sont formés des groupes d'hommes qui sont venus en grandes bandes et qui, en chantant des chansons patriotiques, et en poussant des vivats, ont fait une manifestation en faveur des maisons alliées de Hohenzollern et de Habsbourg devant le Château, le palais du Chancelier et l'ambassade d'Autriche-Hongrie. Ce qui donnait un cachet particulier à ces manifestations, qui continuent encore aujourd'hui, c'est le fait que les participants n'appartiennent pas, comme c'est généralement le cas, aux classes inférieures de la population, mais principalement aux classes cultivées, preuve de la conviction profonde du public que, dans la lutte à laquelle se prépare la Monarchie du Danube, il s'agit de la défense de la civilisation germanique contre l'assaut slave, et que par suite c'est pour notre cause qu'on combat.

Malheureusement, les manifestants, au lieu de se contenter de témoigner leurs sympathies pour l'Autriche, se sont laissé aller à quelques manifestations anti-amicales, bien que sans grande importance, devant l'ambassade de Russie et devant la légation de Serbie. Ce fait a donné lieu à un article intitulé : « Du sang-froid », publié dans une édition spéciale du *Berliner Lokalanzeiger*, qui contient le communiqué officieux suivant :

« Des manifestations contre les représentants des puissances intéressées et non intéressées qui défendent les intérêts de leur pays avec une dignité égale à celle dont font preuve nos agents à l'étranger, n'ont ni but ni portée, et sont des maux pour la capitale de l'Empire allemand. C'est le mot d'ordre qui devrait être donné à tous nos concitoyens sans exception pour les jours à venir. »

Au Ministère des Affaires Étrangères où j'ai aujourd'hui pris, à diverses reprises, des informations, on n'a comme nouvelles positives que celle du rejet des conditions autrichiennes par la Serbie, de la rupture des relations diplomatiques et de la mobilisation partielle de l'armée austro-hongroise.

On manque complètement d'informations officielles de Russie, à l'exception d'un télégramme de l'attaché militaire. Le général de Chelius annonce simplement que la note autri-

chienne a provoqué une grande surexcitation au Grand
Quartier Général russe et qu'on a parlé de l'intention de
mobiliser. Les agents du Grand Etat-Major général annoncent aussi des mesures qui permettent de croire au commencement de la mobilisation en Russie.

Le Ministère des Affaires Etrangères considère comme
certain que l'attitude de refus du Gouvernement serbe n'a pas
eu lieu sans la participation de la Russie. La situation est
par suite considérée dans les milieux dirigeants comme très
critique. Toutefois, on conserve l'espoir que l'Angleterre et
la France, pour lesquelles une guerre européenne serait loin
à l'heure actuelle d'être la bienvenue, agiront sur la Russie
dans un sens modérateur.

L'information de quelques journaux de Paris d'après laquelle l'Allemagne aurait entrepris auprès du Gouvernement
français une démarche offrant un caractère comminatoire
est absolument inexacte. Le Gouvernement de l'Empire, bien
au contraire, ainsi que je l'ai annoncé à Votre Excellence il
y a près de huit jours (1) comme étant dans ses intentions, a
entrepris *simultanément* à Paris, à Saint-Pétersbourg et à
Londres des démarches concordantes en vue de faire considérer par les puissances le conflit entre l'Autriche-Hongrie et
la Serbie comme une question qui ne concernait que ces deux
Etats, et devait par suite rester localisée. Ni au Ministère des
Affaires Etrangères, ni à l'ambassade d'Autriche-Hongrie, on
n'a de nouvelles quelconques de Belgrade où, d'après des
informations de journaux, on tirerait déjà. Comme on n'a pas
connaissance de projectiles sur la rive autrichienne du
Danube, il s'agirait, d'après ces bruits peu vraisemblables,
de troubles intérieurs qui auraient éclaté à Belgrade. On
ignore également si du côté autrichien on a commencé l'action militaire.

La protection des sujets austro-hongrois dans la Vieille
Serbie a été assumée par l'Allemagne. Dans les territoires
de la Nouvelle Serbie où l'Allemagne n'entretient pas de con-

---

(1) Voir Rapport 386 du 18 Juillet, n° 2.

sulats, mais où l'Italie en a, cette protection sera confiée aux autorités italiennes.

Vu le caractère grave de la situation qui pourrait aussi pour nous nécessiter des décisions rapides, l'Empereur ainsi que le Gouvernement de l'Empire estiment le retour de Sa Majesté désirable. Sa Majesté arrivera ce soir à Potsdam.

Agréez...

V. Schoen.

N° 10
Le Chargé d'affaires à Berlin
au Président du Conseil des Ministres.

Télégramme.

Berlin, le 27 juillet 1914 (1).

La situation d'après des informations de Pétersbourg est examinée avec calme.

Schoen.

---

(1) A l'Office télégraphique 1 h. 45 après midi

N° 11
Le Chargé d'affaires à Berlin
au Président du Conseil des Ministres

Rapport 402. Berlin, le 27 juillet 1914.

Comme j'ai eu l'honneur de le télégraphier à Votre Excellence (1), la situation est actuellement considérée au Ministère des Affaires Étrangères comme moins critique qu'hier. Il a été en effet établi entre temps que les nouvelles de mobilisation russe (2) répandues hier anticipent tout au moins sur les événements.

Aussi bien M. Sasonow que le Ministre de la Guerre russe,

---

(1) Voir n° 10.
(2) Voir n° 9, p. 148, paragraphe 1.

et celui-ci sur sa parole d'honneur, ont assuré au comte Pourtalès qu'il n'y avait pas d'ordre de mobilisation même partielle. D'après une information de l'attaché militaire allemand, il y aurait eu, il est vrai, des mesures préparatoires assez importantes en vue d'une mobilisation éventuelle, mais le Gouvernement russe recule devant les conséquences d'un ordre de mobilisation, vu qu'il reconnaît les conséquences que pourrait avoir une telle mesure. On devrait se rendre compte clairement à Saint-Pétersbourg que l'Allemagne n'y assisterait pas tranquillement, ne fût-ce que pour ne pas perdre l'avance que nous assure notre plus rapide préparation à la guerre.

Aussi, de Pétersbourg, on cherchera les jours suivants tout d'abord par des moyens diplomatiques à détourner le pire de la Serbie. La situation, comme me l'a dit aujourd'hui M. de Stumm, ne deviendra critique qu'au moment où l'armée austro-hongroise entrera en Serbie. Mais, d'après une déclaration du général Conrad de Hötzendorf à l'ambassadeur baron de Tschirschky ce ne sera pas le cas avant le 10, ou peut-être même le 12 août.

La France fera tout son possible pour détourner la Russie de toute intervention guerrière, ainsi que le prouve l'attitude de la presse française. La consternation était très grande à Paris, ainsi que le dénote le fait que la rente française dans la Bourse d'avant-hier a subi une baisse telle qu'on n'en avait pas enregistrée de semblable depuis 1870, baisse qui a rendu nécessaire la clôture du marché de la rente.

En ce qui concerne la nouvelle apportée par les journaux d'une action médiatrice des puissances, j'ai appris par le ministre comte Mirbach que Sir Edward Grey avait proposé une démarche à quatre. (Allemagne, Angleterre, Italie et France). Mais dans cette démarche, il ne pouvait s'agir de médiation entre l'Autriche et la Serbie, car l'Autriche aurait considéré une telle attitude comme une ingérence inamicale, mais d'efforts ayant pour but de localiser le conflit.

Le Gouvernement italien a, comme on l'a fait connaître officiellement aujourd'hui, fait déclarer au Cabinet de Vienne que dans un conflit armé éventuel entre l'Autriche et la Serbie, il adopterait une attitude amicale conformément aux accords de l'Alliance. Mais, ainsi que je l'ai appris confidentiellement de source autrichienne, il aurait fait observer qu'en vertu de l'article vii du Traité d'Alliance, même en cas d'occupation simplement provisoire du territoire serbe par l'Autriche, il réclamerait des compensations.

À Vienne on ne veut pas accepter une interprétation aussi étendue de l'article vii, et on a répondu en conséquence à Rome qu'il ne pouvait pas être question de compensations, vu que l'Autriche n'envisageait pas une occupation durable du territoire serbe. Au Ministère des Affaires Étrangères, on déplore de voir surgir cette controverse entre Vienne et Rome, et, en tout cas, pour maintenir l'Italie dans le rang, on aurait considéré comme désirable que le comte Berchtold se fût montré conciliant à l'égard des prétentions italiennes qui n'étaient soulevées que sous forme de réserves.

On ne sait pas ici jusqu'où sont allées les négociations entre Vienne et Sofia. On n'a connaissance que d'une déclaration manquant de clarté du Gouvernement bulgare, d'après laquelle il resterait neutre dans le conflit.

Le Ministère des Affaires Étrangères a en conséquence télégraphié aujourd'hui à Sofia pour obtenir des éclaircissements sur l'attitude de la Bulgarie.

L'attitude de la Turquie est également favorable à l'Autriche. D'après un télégramme du comte Pallavicini au comte Berchtold, le Grand Vizir a assuré l'ambassadeur des sympathies de la Turquie et lui a adressé ses meilleurs souhaits de succès dans l'intervention de l'Autriche contre la Serbie.

Ainsi que me l'a raconté le chargé d'affaires serbe que j'ai rencontré aujourd'hui, le Gouvernement serbe serait tout disposé à accepter toutes les demandes autrichiennes, à l'exception de celles qui ont trait à l'accomplissement d'actes officiels par des fonctionnaires autrichiens en Serbie. Même la proclamation exigée et l'ordre du jour aux troupes serbes auraient été acceptés par le Gouvernement, et l'arrestation du major Tankositch inculpé aurait été opérée en fait avant l'expiration du délai de 48 heures.

Le chargé d'affaires croit que l'armée serbe se retirera tout d'abord de Belgrade pour éviter le bombardement de cette ville et se bornera ensuite à la défensive de façon à réserver peut-être la possibilité de négociations diplomatiques ultérieures.

Le voyage du Président de la République française a été interrompu prématurément en raison des événements et aussi les visites à Pétersbourg et à Stockholm ne semblent pas avoir abouti à un grand résultat.

Comme je l'ai appris tout à fait confidentiellement, l'attitude que la Suède a déclaré devoir adopter en cas de guerre entre la Triple Alliance et la Double Alliance est telle que, pour tous ceux qui à Saint-Pétersbourg et à Paris avaient attaché au voyage de M. Poincaré à Stockholm des espoirs favorables à la Double Alliance, la déception sera amère.

Agréez.....

v. Schoen.

N° 12

**Le Ministre à Berlin
au Président du Conseil des Ministres** (1).

Rapport 406.   Berlin, le 28 juillet 1914.

J'ai reçu hier avant mon départ le télégramme de Votre Excellence d'avant-hier. Il était resté à Saint-Gilla parce qu'on avait supposé là par erreur que j'avais déjà été informé téléphoniquement de son contenu.

Aujourd'hui j'ai essayé de voir le Chancelier de l'Empire, mais malheureusement en vain, parce qu'il était convoqué par l'Empereur à Potsdam. Mais j'ai appris par le Sous-Secrétaire d'Etat Wahnschaffe que le Chancelier de l'Empire se proposait d'exposer par écrit la situation à Sa Majesté le Roi et qu'il voulait conférer avec moi à ce sujet.

En attendant, je puis vous donner les informations suivantes sur l'état de choses à la suite de conversations avec d'autres personnalités.

La proposition de Conférence de Grey est considérée ici

____

(1) Auparavant, un bref compte rendu téléphonique a été fait à Munich.

comme tout à fait inopportune, parce que, vu la demande de
l'interruption provisoire des hostilités, elle n'est pas acceptable pour l'Autriche-Hongrie. On reproche à l'ambassadeur
d'Allemagne à Londres de n'avoir pas essayé de détourner
Sir Edward Grey de cette démarche.

J'avoue que cette proposition m'a également causé une
impression défavorable. Car, si le Ministre anglais déclare
qu'il ne veut pas se mêler du différend entre l'Autriche-
Hongrie et la Serbie, il ne peut pas exiger que l'Autriche-
Hongrie, jusqu'à la décision de la Conférence, s'abstienne
d'attaquer la Serbie.

On compte ici avec certitude qu'à Vienne on refusera de
donner l'assurance demandée, et que par conséquent la Conférence, tout au moins sous la forme proposée, n'aboutira pas.

On est très peu édifié ici d'apprendre que l'Autriche-Hongrie se déclare hors d'état de commencer l'attaque avant
l'expiration d'un délai de 14, ou tout au moins de 10 jours.
Au point de vue militaire, cette précaution peut être justifiée.
Mais au point de vue politique, on croit ici qu'il n'en serait
pas de même, car on craint un certain fléchissement de l'enthousiasme qu'a provoqué en Autriche et en Allemagne l'attitude résolue de l'Empire d'Autriche.

Jusqu'ici, je n'ai rencontré personne qui ait une opinion
faite sur l'évolution ultérieure des événements. Il est hors de
doute qu'aucune grande puissance ne veut de guerre européenne, et que notamment la France et l'Angleterre intervien-
nent très énergiquement à Saint-Pétersbourg en faveur
d'une localisation du conflit entre l'Autriche-Hongrie et la
Serbie. La guerre ou la paix dépendront donc de la question
de savoir si le Gouvernement russe veut et peut résister à la
pression des panslavistes en vue d'une intervention. A
Vienne aussi bien qu'ici, les militaires sont d'avis que l'armée russe n'est pas prête. Mais il est bien connu que dans
d'autres circonstances ce fait n'a pas empêché les Russes de
commencer la guerre.

Pendant que j'écris à Votre Excellence, j'apprends que
l'Allemagne a rejeté la proposition de Conférence de Grey.

G. H. Lerchenfeld.

N° 13
Le Ministre à Berlin
au Président du Conseil des Ministres

Rapport 407.   Berlin, le 29 juillet 1914.

Mon collègue badois vient de m'informer que le Ministre de
Dusch et M. de Weizsäcker sont convenus de prendre part
personnellement à la session du Bundesrat, qui pourrait être
convoqué en vue des résolutions à prendre en raison de la
situation extérieure. M. de Dusch a chargé le comte Berck-
heim d'engager M. Delbrück à inviter les premiers plénipotentiaires à la séance.

J'en ai immédiatement pris acte pour prier M. Delbrück de
fixer la séance à temps et de prévenir télégraphiquement les
premiers plénipotentiaires, afin que MM. les Ministres aient le
temps d'arriver à Berlin pour la séance. Il n'y a pas besoin
à cet effet d'une invitation spéciale.

En outre j'ai à annoncer que M. le Ministre d'Etat Delbrück
a invité le bourgmestre de Berlin à prendre des mesures pour
assurer dans tous les cas le ravitaillement de Berlin. En
outre l'Empire cherche à s'assurer le plus possible de céréales
pour pouvoir ravitailler les zones de concentration et les for-
teresses.

M. Delbrück a fait remarquer que, bien que l'Empire parte
du principe que la question du ravitaillement de la population est l'affaire des différents Etats séparés, il croyait cependant que l'Empire lui-même devait se préoccuper d'une disette
possible. Cependant il y avait là une difficulté, vu qu'il con-
venait d'éviter tout ce qui pourrait propager à l'étranger
l'idée que l'Allemagne poussait à la guerre. Les Etats confédérés dans les mesures qu'ils seraient obligés de prendre
ne devaient pas négliger d'envisager ce point de vue, tant
que la question de la guerre ou de la paix ne serait pas
décidée.

Le Ministre d'Etat Delbrück considère du reste que le ravitaillement en céréales grâce à la moisson existante et à
l'abondance des stocks se fera sans difficultés.

G. H. Lerchenfeld.

Nº 14

Le Ministre à Berlin
au Président du Conseil des Ministres (1).

Rapport 408.   Berlin, le 29 juillet 1914.

La situation semble être cet après-midi un peu plus pacifique qu'hier. On aurait pu s'attendre à ce que la déclaration de guerre de l'Autriche à la Serbie amenât la Russie à une démarche décisive. Le fait qu'on n'a pas encore annoncé une telle démarche semblerait prouver que provisoirement on n'est pas disposé à Saint-Pétersbourg à des solutions extrêmes. On a également reçu la nouvelle que la Russie a accepté en principe la proposition de Conférence de Grey, mais se réserve de continuer à négocier directement avec l'Autriche-Hongrie. Et enfin, d'après une communication du Ministère des Affaires Étrangères, le Ministre Sasonow aurait dit au comte Pourtalès que la Russie désirait maintenir la paix du monde et cherchait le moyen d'atteindre ce but. De Londres on annonce que Sir Edward Grey a dit au prince Lichnowsky que l'Angleterre marcherait à l'avenir avec l'Allemagne, si celle-ci faisait tout ce qui dépendait d'elle pour éviter la guerre.

Mais, il me semble qu'on ne doit assigner à ces nouvelles qu'une valeur de symptômes. La situation n'est pas éclaircie.

La politique de l'Empire allemand tend à faire sortir son alliée de cette affaire avec un accroissement de prestige, mais à maintenir la paix mondiale.

Ainsi que j'en ai déjà informé hier Votre Excellence, la situation est très aggravée par le fait que l'Autriche-Hongrie persiste à reculer son entrée en Serbie jusqu'au 12 août. Comment sera-t-il possible de faire durer aussi longtemps l'état de tension actuel, sans que quelque chose craque. Cela me paraît très difficile.

Votre Excellence aura lu la dépêche de Wolff d'hier qui contient la réponse serbe à l'ultimatum. Après cela il serait difficile de contester que la Serbie s'est montrée pres-

------

(1) Communication téléphonique antérieure à 2 h. 1 du matin.

que sur tous les points disposée à donner satisfaction aux exigences de l'Autriche-Hongrie. L'Autriche-Hongrie peut avoir des doutes sur l'exécution par la Serbie des promesses données, et ces doutes sont assurément justifiés, mais, d'autre part, l'attitude grandement conciliante de la Serbie rendra très difficile à la Russie d'abandonner son frère slave.

Je verrai probablement aujourd'hui le Chancelier de l'Empire et je vous enverrai un nouveau rapport.

Les réunions et les manifestations socialistes d'hier contre la guerre se sont passées assez tranquillement. L'opinion de la population est en général modérée. On ne veut pas la guerre, mais on se fait à cette idée.

G. H. LERCHENFELD.

N° 15
Le Ministre à Berlin
au Ministère des Affaires Étrangères

Télégramme.

Berlin, le 29 juillet 1914 (1).

En raison des préparatifs de guerre russes et français, la situation est ce soir très tendue. Le Grand État-Major allemand se prononce en faveur de contre-mesures appropriées, mais on n'a pas encore pris de décision. Mon entretien avec le Chancelier de l'Empire ne pourra avoir lieu que demain (2).

LERCHENFELD.

(1) À l'Office central télégraphique 11 heures soir.
(2) Voir n° 18.

N° 16
Le Ministre à Berlin
au Ministère des Affaires Étrangères

Télégramme. Berlin, le 30 juillet 1914 (1).

Le Chancelier de l'Empire informe que l'Allemagne fait une tentative de médiation à Vienne sur la base que l'Autri-

(1) À l'Office télégraphique 1 h. 5 après-midi, parvenu à Munich 3 h. 5o après-midi.

che renouvellera à Pétersbourg sa déclaration portant qu'elle n'a pas l'intention de faire d'acquisition territoriale durable et qu'elle ne veut pas porter atteinte à l'intégrité de la Serbie, mais qu'elle a uniquement l'intention d'obtenir, par une occupation temporaire, des garanties que la Serbie se conformera aux demandes autrichiennes ; d'un autre côté une proposition de médiation de Sir Edward Grey sur la même base a été transmise par le Chancelier de l'Empire à Vienne en la soumettant à sa sérieuse attention. Le Chancelier de l'Empire a demandé une réponse favorable d'urgence. Jusqu'à l'arrivée de la réponse autrichienne on ajourne l'état de menace de guerre que devra suivre la mobilisation. Le Chancelier de l'Empire n'abandonne pas tout espoir, bien que son action médiatrice soit rendue plus difficile du fait de la mobilisation russe (2).　　　　　　　　　　　LERCHENFELD.

(2) Transmis auparavant par téléphone à Munich.

N° 17
Le Ministre à Berlin
au Ministère des Affaires Étrangères

Télégramme.

Berlin, le 30 juillet 1914 (1).

La nouvelle du « Lokalanzeiger », d'après laquelle la mobilisation allemande aurait été ordonnée, est fausse.

LERCHENFELD.

(1) A l'Office télégraphique 4 heures après-midi.

N° 18
Le Ministre à Berlin
au Président du Conseil des Ministres (1).

Rapport 410.　　　　　　　Berlin, le 30 juillet 1914.

Aujourd'hui, enfin, j'ai vu le Chancelier de l'Empire. Il

(1) D'après les archives de Munich, transmis téléphoniquement par extraits à Munich.

m'avait à diverses reprises invité à venir auprès de lui, mais chaque fois il avait été empêché de me recevoir.

Il m'a chargé d'annoncer à Sa Majesté le Roi que depuis deux jours il avait commencé plusieurs lettres et télégrammes pour exposer à Sa Majesté la situation, mais que chaque fois, avant qu'ils fussent terminés, une modification de la situation était intervenue qui avait rendu le rapport commencé complètement inutile.

Sur la situation actuelle il pouvait me communiquer ce qui suit :

L'Allemagne avait entrepris d'organiser une médiation. Lui — le Chancelier — avait donné au Cabinet de Vienne le conseil de déclarer à Pétersbourg que l'Autriche ne se proposait aucune annexion territoriale dans son action contre la Serbie, et qu'elle n'avait pas l'intention de porter atteinte à l'intégrité de la Serbie, mais qu'il ne s'agissait que d'une occupation temporaire d'une portion du territoire serbe en vue d'obtenir de la Serbie des garanties pour sa bonne attitude future, vu qu'on ne pouvait compter sur les simples déclarations écrites ou orales du Gouvernement serbe.

Il avait fait valoir à Vienne qu'il importait de mettre la Russie dans son tort.

Sir Edward Grey avait essayé d'agir dans le même sens — par son entremise à lui, Chancelier de l'Empire — sur l'Autriche-Hongrie, et il s'était fait fort, si l'Autriche-Hongrie remettait cette déclaration à Vienne, d'amener la Russie à la modération.

En outre un échange de télégrammes avait lieu entre l'Empereur d'Allemagne et le Tsar. Les premières dépêches dans lesquelles le Tsar représentait l'intervention de l'Autriche comme injustifiée, et l'Empereur expliquait cette attitude, s'étaient croisées.

Pour le moment, il n'y avait pas encore de réponse de Vienne. Mais le Chancelier de l'Empire avait déclaré ce soir de la manière la plus énergique au Cabinet de Vienne que l'Allemagne ne pouvait pas se traîner à la remorque de la politique balkanique de l'Autriche. Au cas où l'Autriche répondrait affirmativement, le Chancelier de l'Empire n'abandonnait pas l'espoir du maintien de la paix. Mais cela n'était pas certain, vu que la mobilisation déjà commencée par la Russie rendait plus difficile un recul russe. L'attitude de l'Allemagne était rendue très difficile, parce qu'on ne savait pas si les mesures prises en Russie et en France étaient un simple bluff ou quelque chose de sérieux.

Tant que la réponse autrichienne ne serait pas parvenue, l'Allemagne ne se déciderait pas à décréter « l'état de menace de guerre », car, vu l'état de choses en Allemagne, la mobilisation, et, d'après notre constitution militaire, la mobilisation de toute l'armée, devait suivre. On ne pouvait pas retarder longtemps une décision en Allemagne, car autrement nous serions en retard sur la Russie et la France.

Provisoirement en Allemagne, après avoir pris certaines mesures de protection à l'égard de certains travaux d'art (ponts, tunnels, organisations téléphoniques (1) etc...) par la police, on en était venu à leur assurer une protection militaire.

La Russie n'avait pas encore mobilisé contre l'Allemagne.

L'Italie restait fidèle à la Triple Alliance et avait seulement annoncé une certaine modification de son concours.

L'attitude de la Bulgarie et de la Roumanie n'était pas sûre.

L'Angleterre n'avait laissé aucun doute que, si la guerre éclatait, elle ne pourrait pas en rester spectatrice. L'Angleterre marcherait avec les puissances de l'Entente.

Le Chancelier de l'Empire conclut en terminant : Il était triste d'avoir à dire que des forces aveugles et des excitations hostiles entre les Cabinets déchaîneraient peut-être une guerre que ne désirait aucun État.

Agréez....

G. H. LERCHENFELD.

---

(1) Peut-être y a-t-il lieu de lire « stations radiotélégraphiques ».

N° 19

Le Ministre à Berlin
au Président du Conseil des Ministres

Rapport 414   Berlin, le 30 juillet 1914 (1)

Pour compléter mon télégramme d'hier j'ai l'honneur d'adresser à Votre Excellence le rapport suivant :

Le Ministère des Affaires Etrangères est d'avis qu'il n'y a pas lieu de prendre des mesures spéciales pour le rapatriement de France d'Allemands indigents.

Tant que l'Allemagne aura là-bas une représentation consulaire, ce sera l'affaire des autorités consulaires allemandes de s'occuper du rapatriement des Allemands. Ce devoir s'étendra évidemment aux ressortissants bavarois.

A partir du moment où le représentant allemand serait rappelé de France, la mission étrangère à laquelle serait confiée la protection des sujets allemands entrerait en fonctions.

Les archives et la caisse seraient remises à la mission en question, et il lui incomberait de la même façon qu'à la représentation allemande de veiller au rapatriement des sujets allemands.

Le Ministère des Affaires Etrangères dans ces conditions ne considérait pas comme utiles des mesures spéciales du Gouvernement royal en faveur des sujets bavarois.

D'après le Gouvernement de l'Empire, la mesure suggérée par le ministre résident royal à Paris provoquerait même certaines objections, en particulier vu la possibilité d'un séquestre de l'argent comptant par le Gouvernement français (2).

G. H. LERCHENFELD.

---

(1) Communication téléphonique antérieure à Munich 7 h. 45 soir.

(2) Ce rapport est adressé en réponse à la question de savoir si la représentation bavaroise à Paris devait recevoir des crédits pour le rapatriement de ressortissants bavarois.

N° 20

Le Ministre à Berlin
au Ministère des Affaires Etrangères.

Télégramme.

Berlin, le 30 juillet 1914 (1).

Grey a proposé à Vienne :

L'Autriche occupera Belgrade et d'autres places. Alors les puissances exerceront en commun une pression sur la Serbie pour lui faire accepter les *conditions* de l'Autriche. L'Empereur Guillaume vient de demander télégraphiquement à l'Empereur François-Joseph l'acceptation de la proposition de *médiation*.

LERCHENFELD.

____

(1) A l'Office télégraphique 7 h. 25 soir.

N° 21

Le Ministre à Berlin
au Ministère des Affaires Etrangères.

Télégramme.

Berlin, le 31 juillet 1914 (1).

La réponse de Vienne n'est pas encore parvenue, vu qu'on attend l'arrivée de Tisza à Vienne, mais on l'attend pour cet après-midi. Si l'Autriche acceptait la proposition de médiation allemande et anglaise, elle serait télégraphiée directement au Tsar, sans passer par Sasonow, et on lui enverrait en même temps un ultimatum le sommant d'arrêter les armements. L'Angleterre travaille avec nous, et il n'est pas *impossible* qu'à la dernière heure elle amène l'action à un temps d'arrêt; la situation reste critique, vu que l'atti-

____

(1) A l'Office télégraphique 12 h. 4 après-midi, parvenu au Ministère à Munich 2 h. après-midi.

tude que prendra la Russie en présence de cette proposition
de médiation est douteuse ; l'Etat-Major général ici pousse à
une décision (2).

LERCHENFELD.

(2) Déjà communiqué par téléphone à Munich 11 h. 15 matin.

N° 22
Le Ministre à Berlin
au Ministère des Affaires Etrangères.

Télégramme.

Berlin, le 31 juillet 1914 (1).

En Prusse, les ouvriers agricoles russes ne seront pas
expulsés en cas de guerre.

LERCHENFELD.

(1) A l'Office télégraphique 1 h. après-midi.

N° 23
La Légation à Berlin
au Ministère des Affaires Etrangères.

Communication téléphonique.

Berlin, le 31 juillet 1914 (1).

A la séance du Bundesrat on vient d'annoncer que toute
l'armée russe est mobilisée, et que là-dessus Sa Majesté
l'Empereur a ordonné l'état de menace de guerre qui sera
suivi de la mobilisation dans un délai de 24 à 48 heures. Les
projets annoncés aujourd'hui et sur lesquels le Bundesrat
aura à délibérer demain à 1 heure sont en route. Le Reichstag
sera convoqué en même temps que sera lancé l'ordre de
mobilisation.

(1) Cette conversation a eu lieu à 3 h. après-midi.

Nᵒ 24
Le Ministre à Berlin
au Ministère des Affaires Étrangères

Télégramme.   Berlin, le 31 juillet 1914 (1).

L'Empereur François-Joseph a rejeté les propositions de médiation en se référant à la mobilisation russe. L'Allemagne a sommé la Russie d'arrêter sa mobilisation dans un délai de 12 heures, autrement l'Allemagne mobilisera. On a demandé à la France de répondre dans un délai de 18 heures si elle entendait rester neutre. Il n'y a aucun doute sur une réponse négative de la France et de la Russie. On a proposé de nouveau à l'Angleterre un traité de neutralité que Sir Edward Grey a rejeté (2). L'attitude de l'Italie et de la Roumanie n'est pas encore certaine, mais on espère que l'Italie restera fidèle à la Triple Alliance, et que la Roumanie restera neutre.

LERCHENFELD.

---

(1) A l'Office télégraphique 7 h. soir, parvenu au Ministère à Munich 10 h. soir.

(2) Vers 10 h. 45 soir, a suivi une communication téléphonique d'après laquelle l'Angleterre a rejeté la neutralité en déclarant qu'elle devait conserver sa liberté d'action.

Nᵒ 25
Le Ministre à Berlin
au Président du Conseil des Ministres

Rapport 417.   Berlin, le 31 juillet 1914.

Suite au télégramme d'hier.

J'ai l'honneur en m'acquittant des instructions télégraphiques d'hier d'informer Votre Excellence de ce qui suit :

Les consuls de carrière des puissances ennemies seront expulsés à la déclaration de guerre. Ils ne recevront pas de passeports pour se rendre à l'étranger (1).

---

(1) Le Ministère à Munich avait demandé le 30 juillet comment il fallait se comporter vis-à-vis des consuls des puissances ennemies, et si dans les passeports des diplomates étrangers on assignerait un délai.

Les agents consulaires pourront rester dans le pays, mais ne pourront plus exercer leurs fonctions.

Les passeports des diplomates étrangers, qui tous (non-seulement les chefs de mission) recevront des passeports impériaux, ne porteront pas d'indication de délais.

Les chanceliers d'ambassade pourront rester dans le pays sous les deux conditions suivantes :

1. Qu'ils feront partie de la mission étrangère qui assumera la protection de leurs nationaux.

2. Que la réciprocité sera garantie.

S'ils *ne* restent *pas*, les chefs de chancelleries recevront des passeports impériaux, le reste du personnel recevra des passeports du Ministère des Affaires Etrangères.

G. H. LERCHENFELD.

N° 26

Le Ministre à Berlin
au Président du Conseil des Ministres.

Rapport 418.   Berlin, le 31 juillet 1914.

J'ai informé en chiffres Votre Excellence de la situation d'aujourd'hui.

Comme on me l'a dit au Ministère des Affaires Etrangères, les dés ont été jetés du fait que l'ambassadeur russe Swerbejew a transmis à Pétersbourg la fausse nouvelle du « Lokalanzeiger » d'après laquelle l'Allemagne mobilisait, sans s'assurer de l'exactitude de cette information. On admet que le démenti, dont il a fait suivre son information, était insuffisant, parce que l'ambassadeur n'a pas voulu convenir franchement de son erreur.

On regrette ici que l'Empereur François-Joseph ait rejeté les propositions de médiation qui lui étaient faites, parce que, s'il les avait acceptées, la Russie aurait été mise encore plus dans son tort.

Toujours règne l'opinion que, vu que la Russie a procédé à une mobilisation partielle, on ne peut plus arrêter la guerre générale. L'Empereur Nicolas aurait été à peine assez fort

pour ordonner la démobilisation sans obtenir de l'Autriche
une satisfaction que, vu la situation actuelle, il était impossible de lui accorder.

Agréez...

G. H. LERCHENFELD.

N° 27
Le Ministre à Berlin
au Président du Conseil des Ministres.
(Lettre personnelle).

Berlin, le 31 juillet 1914.

Mon cher ami,

Je crois vous avoir mandé par les trois moyens de correspondance actuels, téléphone, télégraphe et poste, tout ce
qu'on pouvait vous annoncer. Cependant je veux compléter
un peu, en quelques mots, le tableau de la situation.

Tout d'abord je dois dire que je suis parfaitement de votre
avis ; vous ne devez pas venir ici. Votre présence est plus
nécessaire en Bavière qu'ici, et le retour serait tout au moins
difficile. C'est aussi la conviction de Delbrück. Il a télégraphié dans ce sens à Dusch et à Weizsäcker.

La proposition de médiation allemande-anglaise qui offrait
encore un certain espoir de la conservation de la paix a été
rendue sans objet par la mobilisation dans toute la Russie.
Sasonow a, il y a quelques jours, demandé que l'Autriche-
Hongrie renonçât à quelques points de son ultimatum. C'était
impossible pour l'Autriche. On aurait pu à Vienne accepter
la proposition allemande-anglaise.

L'attitude de l'Angleterre est obscure. Le Roi avait assuré,
il y a peu de temps, au Prince Henry à Londres que l'Angleterre resterait d'abord neutre. L'article de la « Westminster
Gazette », imprimé aujourd'hui dans nos journaux, permet
aussi de croire à une pareille intention. Comme le rédacteur de
cette feuille est un ami intime de Sir E. Grey, les déclarations
de la « Westminster Gazette » ont une certaine importance.
Mais, à l'opposé, Sir E. Grey a déclaré au prince Lichnowsky

que l'Angleterre ne pouvait pas assister passive aux événements. Cette déclaration avait-elle pour but de nous déterminer à exercer une pression sur l'Autriche, ou l'Angleterre
était-elle déjà disposée à intervenir en faveur des autres
puissances de l'Entente? C'est ce que l'avenir nous
apprendra.

Au moment où j'écris ces lignes, on est déjà fixé. L'Angleterre marche avec l'Entente (1).

Pour l'Italie, on croit qu'elle restera fidèle à la Triple
Alliance, mais qu'à cette occasion elle voudra acquérir
quelque chose. Mais pas Valona ; elle le refuse.

La Roumanie, d'après l'opinion du Ministère des Affaires
Étrangères, resterait tout au moins neutre. On croit avoir
des moyens de pression suffisants pour l'y déterminer.

Ici, dans les milieux militaires, on est très optimiste. Déjà,
il y a quelques mois, le chef de l'État-Major général, M. de
Moltke, a déclaré que, militairement, le moment était si favorable qu'il ne pouvait pas s'en présenter de semblable avant
un temps impossible à prévoir. Les raisons qu'il allègue sont
les suivantes : 1° Supériorité de l'artillerie allemande. Ni la
France ni la Russie ne possèdent d'obusiers : elles ne peuvent
donc pas combattre par tir courbe des troupes occupant une
position abritée. 2° Supériorité du fusil de l'infanterie allemande. 3° Instruction tout à fait insuffisante des troupes françaises, par suite de l'introduction du service de deux ans
dans la cavalerie, et de la convocation simultanée de deux
classes dans toutes les armes, conséquence de l'introduction
du service de trois ans, ce qui a dû nuire à l'instruction.

Même dans les milieux populaires, l'opinion est calme et
confiante. Les socialistes ont, conformément au devoir du
parti, manifesté en faveur de la paix, mais se tiennent
maintenant très tranquilles. Un député, évidemment de tendances révisionnistes, a causé avec le Chancelier de l'Empire, et l'a assuré que personne dans le parti socialiste ne
pensait à une insurrection, ou à une grève générale.

Quant à l'Empereur, je sais qu'après quelques hésitations

____

(1) Cf. n° 24 note 2.

au commencement de la crise, il est maintenant très sérieux et très calme.

Le Prince Oscar entrera aujourd'hui dans le Ministère de la Maison. Tous les princes prussiens se rendent au front. Le Kronprinz reçoit le commandement de la 1re division d'infanterie de la Garde.

A ce qu'on suppose, le Quartier Général restera d'abord à Berlin. Comme en 1870, on formera deux États-Majors. Dans le premier, l'Empereur, dans l'autre, tous les Princes confédérés qui veulent faire la guerre.

Avec mes meilleures salutations.

Votre dévoué,
LERCHENFELD.

N° 28

Le Président du Conseil des Ministres à Munich à la Légation à Berlin.

Communication téléphonique.

Munich, le 1er août 1914 (1).

La résolution considérée comme nécessaire par l'Empereur au sens de l'article II, paragraphe 2 de la Constitution de l'Empire est approuvée avec la haute autorisation de S. M. le Roi.　　　HERTLING.

------

(1) Conversation téléphonique à 9 h. 3o matin. Communiquée par de Lössl conseiller d'Etat au Ministère des Affaires Etrangères bavarois.

N° 29

Le Ministre à Berlin au Président du Conseil des Ministres.

Rapport 420 (1).　　　　Berlin, le 1er août 1914.

Aujourd'hui à 6 heures la situation était la suivante : La Russie n'a pas répondu jusqu'ici à l'ultimatum, la sommant

------

(1) Le rapport 419 est un compte-rendu de la séance du Bundesrat du 1er août. Voir tome III, n° 553.

d'arrêter tous préparatifs de guerre contre l'Allemagne et l'Autriche. Par suite, d'après la résolution prise au Bundesrat, la déclaration de guerre a été notifiée à la Russie pour le cas où elle ne satisferait pas aux exigences de l'ultimatum. On doute que la Russie y fasse une réponse quelconque.

On a accordé une prolongation de délai à la France jusqu'à aujourd'hui 1 heure. A 6 heures la réponse n'était pas parvenue, ce qui peut dépendre du retard dans une communication télégraphique. Une remarque du Chancelier dans son discours d'aujourd'hui, d'après laquelle la réponse serait parvenue, repose sur une erreur.

L'Italie s'est détachée de la Triple Alliance, en déclarant que l'Autriche par son attaque contre la Serbie avait attaqué en fait la Russie. Le *casus fœderis* n'existait donc pas. Comme de Vienne on nous a informé que l'Autriche avait accepté toutes les conditions italiennes, peut-être l'attitude de l'Italie n'est-elle pas définitive. Quelques symptômes semblent l'indiquer.

L'ordre de mobilisation a été signé aujourd'hui par l'Empereur à 5 h. 30 de l'après-midi, après une délibération au Château.

G. H. Lerchenfeld.

N° 30

**La Légation à Berlin
au Ministère des Affaires Etrangères**

Communication téléphonique.

Berlin, le 2 août 1914 (1).

L'ultimatum a été remis à Pétersbourg. La déclaration de guerre sous conditions a probablement été interceptée par la Russie et n'est pas parvenue à l'ambassade. On n'a reçu ni réponse, ni accusé de réception. Comme les hostilités ont commencé à la frontière, on admet ici l'état de guerre, et on a remis à l'ambassadeur de Russie ses passeports.

---

(1) Communiqué à midi.

N° 31
Le Ministre à Berlin
au Ministére des Affaires Etrangéres

Télégramme.

Berlin, le 2 août 1914 (1).

La France a répondu à l'ultimatum hier à 1 heure, qu'elle devait se réserver de faire ce que commanderaient ses intérêts; elle a mobilisé à 5 heures. La déclaration de guerre à la France est encore retenue, car sa situation n'est pas encore complètement claire. L'Italie provisoirement neutre. L'Angleterre donne des réponses évasives, indiquant la possibilité de sa neutralité pour le cas où nous respecterions la neutralité belge. Néanmoins on suppose ici qu'elle se décidera à nous attaquer. Le Danemark louche du côté de l'Angleterre.

LERCHENFELD.

---

(1) A l'Office télégraphique 12 h. 30 après-midi.

N° 32
Le Ministre à Berlin
au Président du Conseil des Ministres.

Rapport 423.   Berlin, le 2 août 1914.

J'ai déjà renseigné Votre Excellence sur la situation, en partie par téléphone, en partie par télégrammes chiffrés (1). L'espoir que l'Angleterre resterait neutre, et que l'Italie resterait aux côtés de la Triple Alliance, est à peu près disparu. En Angleterre tout dépendra de la question de savoir si l'on acquerra la conviction que le monde des affaires anglais a plus à perdre à l'insécurité existante qu'à la guerre. Il me semble aussi que la demande de l'Angleterre du respect par l'Allemagne de la neutralité belge ne peut pas être

---

(1) Voir nos 30 et 31.

acceptée au point de vue militaire. Je ne suis pas initié aux secrets de l'Etat-Major général, mais je suis disposé à admettre qu'il est difficile d'en finir promptement avec la France sur une autre base.

L'Italie a déjà commencé à réclamer l'exécution de l'article 7 du Traité de la Triple Alliance qu'elle interprète ainsi : en cas de modifications territoriales dans les Balkans, elle a droit à des compensations. L'Autriche a commencé par contester ce droit, mais, il y a deux jours, a reconnu le bien fondé des prétentions italiennes. On espère en conséquence à Vienne que l'Italie exécutera ses obligations vis-à-vis de ses alliés. Mais, il semble que la crainte de l'Angleterre l'ait emporté à Rome. L'Italie se place au point de vue déjà connu de Votre Excellence, que le *casus fœderis* n'existe pas, parce que l'Autriche a attaqué, et elle se réserve. Cette attitude honteuse est blâmée même en Italie. L'ambassadeur d'Italie accrédité ici, a, il y a deux jours, pleuré chez M. de Jagow en ayant à faire cette communication.

On peut dire aujourd'hui que, dans la guerre imminente, l'Allemagne et l'Autriche auront pour adversaires le monde entier. Néanmoins, l'opinion des milieux militaires est absolument confiante.

Jusqu'ici les résolutions de l'armée et de la flotte dépendaient encore de l'état des négociations diplomatiques. On veut, comme je vous l'ai annoncé aujourd'hui par chiffre, laisser à la France, et avant tout à l'Angleterre, le rôle d'agresseurs. La bombe lancée par un aviateur français à Nuremberg a changé la situation, et il faut compter maintenant qu'on ne se décidera plus que d'après des considérations militaires. Dès demain on commencera à envoyer des éclaireurs par ballons et des aviateurs pour reconnaître la concentration française, et, à ce qu'on dit, on donnera également liberté d'action à la flotte allemande.

Je suppose que l'on remettra alors ses passeports à l'ambassadeur de France.

Je m'abstiens en ce moment de donner des informations sur des questions d'ordre exclusivement militaire. Le Ministère royal de la Guerre est instruit de tout, et est, par conséquent, mieux en mesure que moi d'informer Votre Excellence.

G. H. Lerchenfeld.

P. S. — Les passeports n'ont pas encore été remis parce qu'on veut attendre d'autres attaques. Comme la mobilisation est en cours, on peut agir ainsi sans rien compromettre.

Nº 33

**Le Ministre à Berlin
au Président du Conseil des Ministres**

Rapport 427. Berlin, le 4 août 1914.

La seule nouvelle que j'aie à annoncer, est que la Turquie s'allie à l'Allemagne (1) et mobilise quelques corps d'armée. La Bulgarie semble également décidée à faire cause commune avec l'Autriche. Le traité n'est pas encore conclu. Ceci pourrait améliorer sensiblement la situation militaire de l'Autriche. Nous avons garanti à la Hollande le respect de sa neutralité. L'Allemagne ne peut pas respecter la neutralité de la Belgique. Le chef de l'Etat-Major général a déclaré que même la neutralité de l'Angleterre serait achetée trop cher au prix de la neutralité belge, vu que l'attaque contre la France n'était possible qu'en traversant le territoire belge.

L'ouverture du Reichstag au Salon Blanc et la séance du Reichstag ont relevé les esprits au plus haut degré. Même en l'année 1870, l'enthousiasme des populations pour une cause juste ne s'est pas montré avec plus d'élan et d'unanimité.

L'exécution de la mobilisation et la concentration des troupes s'opèrent d'une façon admirable. L'Etat-Major général et le Ministère de la Guerre n'ont encore été interrogés d'aucun côté. Chacun sait ce qu'il a à faire.

Je dois supposer que notre attitude vis-à-vis de la Belgique entraînera inévitablement la rupture avec l'Angleterre.

G. H. Lerchenfeld.

---

(1) La signature du traité d'alliance avec la Turquie a été annoncée télégraphiquement à Munich le 4 août, 3 h. après-midi.

N° 34

**Le Ministre à Berlin
au Président du Conseil des Ministres**

Rapport 431   Berlin, le 5 août 1914.

Après que le Chancelier de l'Empire eût, dans la séance du *Reichstag* à 3 heures, annoncé notre attitude vis-à-vis de la Belgique, l'ambassadeur d'Angleterre parut au Palais du Reichstag pour informer le Secrétaire d'Etat de Jagow que l'Angleterre ne pouvait *pas* accepter la violation de la neutralité belge. M. de Jagow a exposé à Sir Edward Goschen que des considérations militaires rendaient impossible à l'Allemagne de donner satisfaction à la demande de l'Angleterre, et lui donna d'ailleurs l'assurance que l'Allemagne ne porterait pas atteinte à l'intégrité de la Belgique. Une heure plus tard l'ambassadeur se présenta au Ministère des Affaires Etrangères pour réclamer ses passeports (1). La rupture avec l'Angleterre est donc maintenant un fait accompli. Le discours de Grey n'avait d'ailleurs laissé aucun doute sur les intentions de l'Angleterre.

Malheureusement le « Berliner Tageblatt » a fait connaître ces événements dans une édition spéciale. La foule qui se rassemble tous les soirs Unter den Linden et qui, hier, en raison du départ de l'ambassadeur de France, s'était portée en masse sur la place de Paris, s'est rendue devant l'ambassade d'Angleterre, a brisé toutes les vitres et voulait prendre l'ambassade d'assaut. Elle en a été empêchée par la police accourue en toute hâte. Le fait que le tumulte n'a pas pu être arrêté dès le commencement, provenait de ce que la police n'avait tout d'abord que très peu d'hommes devant l'ambassade d'Angleterre, parce qu'on ne s'attendait pas du tout à de tels désordres. La place de Paris devant l'ambassade de France était fortement occupée. Là il n'y a pas eu de désordres au départ de l'ambassadeur.

Lorsque le Ministère des Affaires Etrangères apprit le

---

(1) Communiqué déjà téléphoniquement le 4 août après-midi.

tumulte devant l'ambassade d'Angleterre, M. de Jagow se précipita pour présenter ses excuses à l'ambassadeur. Les membres de l'ambassade n'ont pas pris une attitude provocante, ainsi que l'ont annoncé certains journaux.

On n'a pas reçu de nouvelles de l'entrée en Belgique. Sans aucun doute le ministre de Belgique demandera et obtiendra ses passeports.

La Hollande, comme je l'ai déjà annoncé, en réponse à l'assurance allemande du respect de sa neutralité, garantit sa neutralité. Le Danemark s'est également déclaré neutre.

Au surplus j'ai appris ce qui suit au Ministère des Affaires Etrangères. La concentration autrichienne sur la frontière russe est presque terminée. On attend la déclaration de guerre de l'Autriche à la Russie aujourd'hui. L'Autriche a fait connaître ici qu'elle était parfaitement en mesure de repousser toute attaque russe sur ses frontières, que ses forces étaient même numériquement supérieures à toute l'armée russe concentrée contre la Galicie.

La question de savoir si l'Autriche déclarera la guerre à la France et à l'Angleterre est encore en balance.

Au point de vue militaire, elle paraît sans importance. Le maintien des représentants diplomatiques de ces Etats à Vienne serait toutefois fâcheux.

En ce qui concerne l'attitude amicale à l'égard de l'Allemagne, de la Bulgarie et de la Turquie (2), qu'on annonçait hier, on m'a dit aujourd'hui que les négociations n'étaient pas encore terminées.

Ce rapport, ainsi que toutes les autres communications écrites adressées à Votre Excellence ne lui parviendront que 47 heures après leur envoi, car, jusqu'à nouvel ordre, il n'y a qu'un seul train à 8 h. 57 du soir, train qui parvient à Munich le surlendemain à 7 h. 28 du soir.

De V. Exc. le très obéissant,
G. H. Lerchenfeld

---

(2) Voir n° 33.

N° 35

**Le Ministre à Berlin
au Président du Conseil des Ministres
(Lettre personnelle)**

Berlin, le 5 août 1914.

Mon cher ami,

Je viens d'apprendre que le chef de l'Etat-Major général, le général de Moltke, s'était exprimé sur la situation, ainsi qu'il suit :

Il savait de la façon la plus certaine qu'entre la Russie, la France et l'Angleterre on avait concerté et préparé une guerre offensive contre l'Allemagne pour l'année 1917. Moltke considérait que la Russie était l'Etat dirigeant dans cette combinaison. On pouvait considérer comme un bonheur le fait que l'assassinat de Sarajevo eût fait éclater la mine préparée par les trois puissances à un moment où la Russie n'était pas prête, et où l'armée française se trouvait dans une période de transition. Il aurait été difficile à l'Allemagne de lutter contre ces trois Etats parfaitement armés.

L'Allemagne, s'il n'intervenait pas de malheur imprévu, était certainement assez forte pour soutenir contre la France et contre la Russie, une guerre comme celle que nous avions à mener maintenant. L'entrée en ligne de l'Angleterre, aux côtés de nos adversaires, empirait sans aucun doute notre situation, car, si la guerre se prolongeait, le ravitaillement de la population civile pourrait devenir difficile. Ce point lui inspirait certaines inquiétudes. Néanmoins, il avait déconseillé énergiquement d'acheter la neutralité anglaise au prix du respect de la neutralité belge, même si la chose avait été possible, ce qu'il ne croyait pas. Une attaque partant du Reichsland aurait coûté à l'armée allemande près de trois mois, et donné une telle avance à la Russie que l'on n'aurait pu compter sur un succès sur les deux fronts. Il fallait nous lancer à travers la Belgique avec toutes nos forces dans la direction de Paris pour en finir rapidement avec la France. C'était le seul chemin qui conduisait à la victoire.

Le général de Moltke me dit qu'il n'y avait eu jusqu'ici en Belgique que des combats sans importance. Mais, demain, on cernerait Liège qui était fortifiée et qui coûterait des pertes. Une partie de l'armée allemande était déjà entrée en France.

En ce qui concerne la situation sur le théâtre oriental de la guerre, j'apprends, d'un autre côté, que l'appréhension d'une invasion russe immédiate avec de grandes masses de cavalerie ne s'est pas réalisée. Sur quelques points, la cavalerie, même une division de cavalerie, a franchi la frontière, mais a été facilement repoussée. Les autres combats à Kalisch et Tschenstochau se sont bien terminés pour nous. Tout cela est d'ailleurs sans importance. La décision interviendra à bref délai dans le nord de la France.

G. H. LERCHENFELD.

ANNEXE :

Les deux conversations téléphoniques suivantes ne peuvent être reproduites que d'après des copies des Archives de Munich :

1° Reçu à Munich le 31 juillet 7 h. 45 matin.

« On n'a pas reçu de Vienne jusqu'à ce soir minuit une réponse à la démarche commune de l'Angleterre et de l'Allemagne. On ne s'attend pas dans les milieux dirigeants de Berlin à ce que la démarche puisse avoir du succès ; on est au contraire convaincu que les efforts, sans aucun doute loyaux, de Grey, en vue d'assurer le maintien de la paix, ne pourront pas arrêter le cours des événements.

Nous avons dîné hier au soir, comme tous ces jours-ci, à Bristol, qui est en ce moment une sorte de Bourse des diplomates. Nous avons trouvé les Autrichiens encore plus graves que ces jours derniers. Ils étaient absolument silencieux.

On ne peut pas se promettre de grands avantages des voyages des Ministres des États confédérés ; en outre il y a le danger que ces Messieurs ne puissent plus revenir chez eux ».

2° Reçu à Munich le 31 juillet 8 h. soir.

« Il y a en ce moment, deux ultimatums lancés : Pétersbourg 12 heures, Paris 18 heures. A Pétersbourg on demande les motifs de la mobilisation ; à Paris l'on demande si la France restera neutre.

Ces deux ultimatums recevront évidemment une réponse négative.

La mobilisation aura lieu au plus tard samedi 1er août à minuit

L'Etat-Major général prussien envisage la guerre avec la France avec une grande confiance, il compte pouvoir abattre la France en 4 semaines ; dans l'armée française l'esprit n'est pas bon, peu d'obusiers et un fusil inférieur. »

ANNEXE V

____

TABLEAU CHRONOLOGIQUE

DES DERNIERS ÉVÉNEMENTS

DRESSÉ PAR L'AMBASSADE A PÉTERSBOURG

AVEC RÉFÉRENCES AUX PIÈCES JUSTIFICATIVES

Tableau chronologique des derniers événements
dressé par l'Ambassade à Pétersbourg
avec références aux pièces justificatives (1.)

VENDREDI 24 JUILLET

Le comte Szapary donne connaissance à M. Sasonow de
la note autrichienne du 23.

Premier Conseil des Ministres.

Le soir, entretien de l'ambassadeur avec M. Sasonow.

SAMEDI 25 JUILLET

A midi, Conseil des Ministres à Krasnoje : retrait des
troupes du camp et préparatifs militaires visibles et étendus.

DIMANCHE 26 JUILLET

Voyage de l'ambassadeur en compagnie de M. Sasonow
de Zarskoje à Pétersbourg : l'ambassadeur fait ressortir le
langage conciliant du comte Szapary, et conseille instamment
au Ministre de discuter tranquillement la question avec le
comte Szapary, avec lequel il n'a eu qu'un entretien court et
agité au moment de la communication de la note.

Initiative des officiers supérieurs de l'entourage du Tsar
suggérant l'envoi direct d'un télégramme de notre Auguste
Souverain au Tsar. L'après-midi a lieu l'entretien, conseillé
par l'ambassadeur, de M. Sasonow avec le comte Szapary
(ce dernier avait lui-même demandé audience).

Les deux parties se sont déclarées satisfaites.

M. Sasonow remercia en termes chaleureux l'ambassadeur
de son conseil de conférer avec le comte Szapary. Télégramme
du Chancelier de l'Empire faisant ressortir que, vu que l'Autriche a déclaré qu'elle ne voulait faire aucune annexion

----

(1. D'après une copie aux Archives du Ministère des Affaires Étrangères.
Timbre d'enregistrement à l'entrée : 5 août 1914 après-midi.

territoriale, le maintien de la paix européenne ne dépendait que de la Russie (N° 126 de Berlin) (2).

En raison d'une nouvelle répandue dans le milieu des attachés militaires d'après laquelle un ordre de mobilisation aurait été transmis à plusieurs corps d'armée russes à la frontière de l'ouest, premier avertissement de l'ambassadeur insistant sur les grands dangers d'une pareille mesure qui pourrait facilement provoquer des contre-mesures (N° 161 de Pétersbourg) (3).

Envoi au Bureau d'informations et à Péterhof d'un communiqué de l'ambassade d'après lequel l'Allemagne n'aurait pas excité l'Autriche, et n'aurait pas eu connaissance de la note avant son envoi. La publication a lieu le jour suivant dans la matinée. Entretien de l'attaché militaire d'Eggeling avec le Ministre de la Guerre. Ce dernier déclare que la Russie désire la paix avec l'Allemagne. Le Ministre de la Guerre donne sa parole d'honneur qu'il n'a été lancé encore aucun ordre de mobilisation, et qu'on n'a ordonné que des mesures préparatoires. Aussitôt que l'Autriche franchira la frontière serbe, un ordre de mobilisation sera lancé pour les districts de Kiew, Odessa, Moscou, Kazan, mais pas pour les circonscriptions militaires sur le front allemand : Varsovie, Wilna, Pétersbourg.

LUNDI 27 JUILLET

Télégramme du Chancelier de l'Empire N° 128 (4) : Nouvel avertissement contre la mobilisation, en faisant ressortir les conséquences nécessaires d'une telle mesure. Notre mobilisation signifierait la guerre à la fois contre la Russie et contre la France. Le Chancelier de l'Empire exprime l'espoir que la Russie, en raison du désintéressement territorial de l'Autriche, observera une attitude expectante. L'Allemagne pourra d'autant plus facilement appuyer le désir de la Russie de ne pas voir mettre en question l'intégrité du Royaume

------

(2) Voir n° 198.
(3) Voir n° 230.
(4) Voir n° 219.

de Serbie, que l'Autriche a déclaré ne pas vouloir porter atteinte à cette intégrité.

Télégramme de l'ambassadeur du même jour (N° 167) (5) relatif aux instructions contenues dans les télégrammes 126 (6) et 128 (7) : entretien de l'ambassadeur avec M. Sasonow où l'on a pu constater l'attitude sensiblement plus calme du Ministre.

Rapport sur l'opinion ; peu d'émotion dans l'opinion publique.

Rapport détaillé de l'attaché militaire relatif à son entretien du 26 avec le Ministre de la Guerre avec une appréciation annexe sur la situation militaire.

La nouvelle circule que les bouches de la Dwina ont été barrées par des mines, et que des wagons sont tenus prêts sur le territoire de Riga.

MARDI 28 JUILLET

Arrivée d'un télégramme de l'État-Major général du 27 d'après lequel, vu la déclaration de Sasonow qu'on ne procède pas à la mobilisation contre nous, on ne se propose également en Allemagne aucune mesure militaire.

Télégramme 130 (8) de Berlin : Remerciements pour la communication de Sasonow et son esprit conciliant, espoir que, vu la déclaration de désintéressement territorial de l'Autriche, on pourra trouver une base d'entente.

Publication de la réponse serbe.

Télégramme 177 (9) de l'ambassadeur : Tentative de Sasonow de persuader l'ambassadeur que la note serbe donne au fond satisfaction à toutes les exigences justifiées de l'Autriche. L'ambassadeur attire l'attention du Ministre sur les nouvelles qui viennent de nous parvenir d'après lesquelles les préparatifs militaires russes iraient très au-delà de la mesure qu'on a indiquée à notre attaché militaire. Nouvel avertisse-

---

(5) Voir n° 282.
(6) Voir n° 198.
(7) Voir n° 219.
(8) Voir n° 300.
(9) Voir n° 338.

ment instant de l'ambassadeur contre des mesures militaires.

Télégramme de M. le lieutenant-général de Chelius (10) sur son entretien avec le général à la suite prince Troubetzkoï; d'après le Quartier général, la Serbie était obligée de rejeter la note de l'Autriche. Si l'on en venait à une guerre entre l'Autriche et la Serbie, la Russie ne pourrait pas abandonner la Serbie. Nouveau conseil que l'Empereur Guillaume veuille bien exhorter l'Autriche à la modération.

MERCREDI 29 JUILLET

Communication de la part du Ministère des Affaires Étrangères d'un télégramme de Sa Majesté au Tsar (N° 132 (11) du Ministère des Affaires Etrangères).

Publication de la déclaration de guerre de l'Autriche à la Serbie.

Télégramme du lieutenant-général de Chelius (12) sur l'opinion de l'entourage de l'Empereur qui, après la déclaration de guerre, considère la guerre générale comme presqu'inévitable. *L'Autriche cherche et veut la guerre.*

Télégramme 131 (13) du Chancelier de l'Empire : l'Allemagne s'efforce avec persistance d'amener l'Autriche à s'expliquer franchement avec Pétersbourg et à exposer d'une façon inattaquable, et probablement de nature à satisfaire la Russie, le but et la portée des mesures autrichiennes en Serbie. La déclaration de guerre qui vient d'intervenir entre temps ne change rien à la situation.

Télégramme 183 (14) de l'ambassadeur : M. Sasonow prétend que l'Autriche rejette catégoriquement toute conversation directe. Par suite le retour à la proposition de Grey est tout indiqué. *L'ambassadeur répond que l'ordre de mobilisation russe pour les circonscriptions militaires à la frontière autrichienne, au cas où cette mesure serait vraiment imminente, comme on le prétend, serait une lourde faute.*

---

(10) Voir n° 337.
(11) Voir nos 334 et 335.
(12) Voir n° 344.
(13) Voir n° 315.
(14) Voir n° 343.

M. Sasonow ne conteste pas que la mobilisation soit imminente.

Télégramme 134 (15) du Chancelier de l'Empire : avertissement très énergique contre la continuation de mesures de mobilisation russes, vu qu'elles nous forceraient à la mobilisation, et qu'alors une guerre européenne serait presqu'inévitable.

Télégramme 187 (16) de l'ambassadeur : exécution des instructions contenues dans le télégramme du Chancelier de l'Empire N° 134 (17). M. Sasonow a pris cette communication très au sérieux et a voulu en donner avis au Tsar.

Vis-à-vis du comte Szapary, M. Sasonow convient de nouveau de la mobilisation, mais l'explique en disant qu'elle ne signifie nullement la guerre, qu'elle veut seulement affirmer l'état de neutralité armée. Publication de l'interdiction de la circulation dans les eaux de Schären. Le 29 après-midi, le chef de l'État-Major général fait venir l'attaché militaire, et lui confirme, sur sa parole d'honneur, l'assurance donnée par le Ministre de la Guerre le 26 : jusqu'ici aucune mobilisation n'a été ordonnée ; on ne se propose pas provisoirement de mobilisation sur le front allemand (circonscriptions militaires de Varsovie, Wilna, Pétersbourg) (18).

Télégramme 183 (19) de l'ambassadeur relatif à l'utilisation des télégrammes de Berlin 130 (20) et 131 (21) : les deux télégrammes auraient fait bonne impression sur M. Sasonow, qui répond toutefois que manifestement, après comme avant, l'Autriche ne veut pas entrer en conversation directe. Par suite, la mobilisation des circonscriptions militaires sur la frontière autrichienne est devenue nécessaire. L'ambassadeur exprime les très sérieuses appréhensions que lui inspire cette mesure. M. Sasonow répond que la mobilisation n'a pas la

---

(15) Voir n° 342.
(16) Voir n° 378.
(17) Voir n° 342.
(18) Voir n° 370.
(19) Voir n° 343.
(20) Voir n° 300.
(21) Voir n° 315.

même portée en Russie que dans l'Europe occidentale.
L'ambassadeur réplique que cette déclaration ne le rassure
aucunement, vu les contre-mesures auxquelles il y a lieu de
s'attendre, et il fait ressortir qu'il est loin de vouloir recourir
à des menaces, mais qu'il ne peut s'empêcher de rappeler nos
obligations d'alliance qui sont universellement connues.

JEUDI 3o JUILLET.

A minuit (29/30) M. Sasonow fait venir l'ambassadeur ;
entretien d'une heure et demie : M. Sasonow désire amener
l'Allemagne à consentir à participer à une conversation à
quatre. L'ambassadeur répond que cette conversation lui
paraît très difficile, sinon impossible, depuis que la Russie
a pris la mesure grave de la mobilisation (Télégramme
189 (22).

Télégramme 190 (23). Suite du télégramme sur l'entretien
de la nuit. M. Sasonow désire une pression de l'Allemagne
sur l'Autriche. Réponse de l'ambassadeur que ce n'est pas
possible de la part d'une grande puissance vis-à-vis d'une
alliée qui a pris les armes pour une cause juste. Nous mine-
rions la situation de grande puissance de l'Autriche qui a
de (24) nous la plus grande valeur.

Les journaux du matin publient les ordres d'appel des
réservistes dans les circonscriptions militaires de Moscou,
Odessa, Kiew, Kazan ; des Cosaques du Don, de Kouban,
Astrakhan, Terek, Orenbourg, de l'Oural, ainsi que de la
flotte, même dans des portions du territoire du nord (n° 191
de l'attaché militaire). (25)

Télégramme du Chancelier de l'Empire (n° 139) (26) ; indication que la mobilisation russe à la frontière autrichienne
doit avoir pour conséquence la mobilisation autrichienne.
Pour détourner, si possible, la catastrophe, l'Allemagne in-
sistera à Vienne en faveur d'une nouvelle déclaration formelle

---

(22) Voir n° 4o1.
(23) Voir n° 412.
(24) Erreur, au lieu de « pour ».
(25) Voir n° 4io.
(26) Voir n° 38o.

de désintéressement territorial de l'Autriche en Serbie ainsi que sur le point que les mesures militaires prises n'ont pour but qu'une occupation temporaire. Si l'Autriche fait une pareille déclaration, la Russie aura obtenu tout ce qu'elle désire.

Télégramme 192 (27) de l'ambassadeur : réponse au télégramme 139. M. Sasonow réplique que la déclaration de désintéressement territorial de l'Autriche ne peut lui suffire. Il ne peut soutenir une autre politique sans compromettre la vie du Tsar. Pour montrer de la bonne volonté, l'ambassadeur prie le Ministre de formuler par écrit les demandes russes, bien qu'il lui paraisse impossible de les satisfaire. M. Sasonow se conforme à ce désir.

Télégramme 141 (28) du Ministère des Affaires Étrangères : Communication de la réponse du Tsar au télégramme de Sa Majesté.

Télégramme 142 (29) du Chancelier de l'Empire invitant l'ambassadeur à dire à M. Sasonow que l'Allemagne continue sa médiation, mais que, toutefois, elle le fait sous condition de l'abstention, en attendant, de tout acte d'hostilité de la Russie contre l'Autriche.

Télégramme 143 (30) du Chancelier de l'Empire : réponse au télégramme 185 de l'ambassade : *Le refus de Vienne d'entrer en conversation doit avoir eu lieu avant la dernière démarche allemande à Vienne dont on ne connaît pas encore à Berlin le résultat.*

Télégramme 140 (31) du Chancelier de l'Empire : Communication d'un télégramme du Tsar à Sa Majesté qui doit s'être croisé avec le premier télégramme de Notre Auguste Souverain au Tsar.

Télégramme du lieutenant-général de Chelius n° 195 (32) :

---

(27) Voir n° 421.
(28) Voir n° 391.
(29) Voir n° 392.
(30) Voir n° 397; réponse au télégramme 185 de l'Ambassade (n° 365).
(31) Voir n° 387.
(32) Voir n° 445; à la dernière ligne, au lieu du Tsar, il faut lire « de l'Empereur ».

Le Prince Troubetzkoï dit que le télégramme du Tsar n'a malheureusement pu rien changer à la situation, car la mobilisation contre l'Autriche avait été ordonnée.

Télégramme 196 (33) de l'ambassadeur : Le Ministre de la Marine a informé M. Sasonow qu'une flotte allemande mobilisée se trouvait devant Dantzig.

Télégramme 197 (34) de l'ambassadeur : utilisation des télégrammes 142 et 143 du Chancelier de l'Empire auprès de Sasonow. Le dernier dit que la Russie s'abstiendra de tout acte d'hostilité contre l'Autriche au cas où elle ne serait pas provoquée par l'Autriche. Pour le reste, Sasonow s'en tient à son point de vue bien connu.

Télégramme 146 du Chancelier de l'Empire. [Cf. n°413] : Communication d'un télégramme du Tsar à sa Majesté parvenu dans la nuit.

VENDREDI 31 JUILLET.

Télégramme 150 (35) du Ministère des Affaires Étrangères : démenti de la nouvelle d'après laquelle une flotte allemande mobilisée serait mouillée devant Dantzig.

Télégramme 199 (36) de l'ambassadeur et de l'attaché militaire : la mobilisation générale de l'armée et de la flotte a été ordonnée: premier jour de la mobilisation, 31 juillet.

L'ambassadeur se rend auprès de Nératow, vu que Sasonow est à Péterhof, il lui communique le démenti de la nouvelle d'après laquelle la flotte allemande se trouverait mouillée devant Dantzig, et lui fait part des très vives appréhensions que lui inspire une mobilisation de toute l'armée russe qui a peut-être déjà provoqué des conséquences irréparables.

Nératow est très effrayé. L'ambassadeur lui remet en même temps le résumé de ses derniers entretiens avec Sasonow, afin que, vu les graves décisions qui pourront être

----

(33) Voir n° 459.
(34) Voir n° 449.
(35) Voir n° 462.
(36) Voir n° 473.

prises, le point de vue allemand soit fixé par écrit. A ce sujet, télégramme 206 (37) de l'ambassadeur.

Télégramme 148 (38) du Chancelier de l'Empire : communication d'un télégramme de Sa Majesté au Tsar.

L'ambassadeur appelle au téléphone le Ministre Sasonow qui se trouve à Péterhof et lui exprime, ainsi qu'à Nératow, les vives inquiétudes que lui cause la mobilisation de *toute* l'armée russe.

Télégramme 149 (39) du Chancelier de l'Empire, d'après lequel le comte Berchtold est prêt à entrer en conversation directe avec Pétersbourg, et même à donner à Sasonow des explications sur la note à la Serbie. A 12 h. 50 l'ambassadeur se rend à Péterhof et expose au Tsar le caractère grave de la situation. Le Tsar exprime l'espoir que le télégramme qu'il a adressé entre temps à Sa Majesté et par lequel il s'engage à ne pas ouvrir les hostilités tant que les négociations seront en cours avec Vienne rassurera Berlin. L'ambassadeur exprime la crainte que le télégramme n'arrive trop tard. Il n'y aurait maintenant qu'un moyen : l'arrêt immédiat des préparatifs de guerre. Le Tsar déclare que c'est techniquement impossible.

Après l'audience, visite de l'ambassadeur au Ministre de la Maison impériale, le comte Frédéricks, à qui il exprime également ses grandes inquiétudes. A ce sujet télégramme 204 (40).

Télégramme 153 (41) du Chancelier de l'Empire, parvenu 11 h. 10 soir. Au cas où la Russie ne déclarerait pas dans un délai de 12 heures qu'elle arrête ses préparatifs militaires contre l'Autriche et l'Allemagne, l'Allemagne serait obligée de mobiliser. Provisoirement on n'a déclaré en Allemagne que l'état de menace de guerre. L'ambassadeur adresse cette demande à minuit, le délai devant courir du 31 juillet au

---

(37) Voir n° 527
(38) Voir n° 420 note 2.
(39) Voir n° 444 note 3.
(40) Voir n° 535.
(41) Voir n° 490

1ᵉʳ août. M. Sasonow fait ressortir l'impossibilité technique
d'arrêter la mobilisation (42), ainsi que la parole d'honneur
du Tsar de s'abstenir d'hostilités tant que les négociations
seront en cours avec Vienne. L'ambassadeur demande à
Sasonow s'il peut lui déclarer que la Russie maintiendra la
paix même si les négociations n'aboutissaient pas à un
résultat satisfaisant. Sasonow répond qu'il ne peut lui donner
une pareille assurance. L'ambassadeur réplique qu'alors on
ne peut pas trouver mauvais que l'Allemagne n'attende pas
plus longtemps pour procéder à la mobilisation.

SAMEDI 1ᵉʳ AOUT.

L'ambassadeur envoie, par l'attaché de Bülow, une lettre
au comte Frédéricks, lui exposant la gravité de la situation
qui a surgi à la suite de l'ultimatum allemand. La lettre
déclare que, seul le retrait immédiat de la mobilisation peut
sauver la situation. Même si cela était techniquement difficile,
l'*Empereur de Russie* était *tout* puissant sous ce rapport.

M. de Bülow arrive à Péterhof 15 minutes avant que le
comte Frédéricks se rende chez le Tsar pour faire son rapport.
L'ambassadeur envoie le conseiller d'ambassade de Mutius
au Ministre de l'Agriculture Kriwoschein, personnalité in-
fluente, en le chargeant de lui communiquer la partie essen-
tielle de la lettre au comte Frédéricks (43).

Télégramme 159 (44) du Chancelier de l'Empire : le Chancelier de l'Empire donne des instructions à l'ambassadeur lui
prescrivant, au cas où Sasonow ne remettrait pas cette nuit
la déclaration réclamée, de lui remettre une note arrêtée
dans le dit télégramme portant déclaration de guerre.

Télégramme 214 (45) de l'ambassadeur : M. Sasonow a
refusé la déclaration. La note prescrite lui a été en conséquence remise à 7 heures du soir.

---

(42) Voir nᵒ 536.
(43) Voir nᵒ 539.
(44) Voir nᵒ 542.
(45) Voir nᵒ 588.

NUIT DU 2 AOUT.

Dans la nuit du 2 août, M. Sasonow informe l'ambassadeur
à 4 heures du matin qu'il est parvenu au Tsar un télégramme
de Sa Majesté l'Empereur demandant instamment dans la
phrase finale de ne franchir provisoirement en aucun cas la
frontière. M. Sasonow demande comment on peut interpréter
ce télégramme qui a été remis à 10 h. 45 soir, après que
l'ambassadeur lui a remis à 7 heures du soir la déclaration
de guerre. L'ambassadeur ne trouve pas d'autre explication
que celle que le télégramme est probablement parti la veille
à 10 h. 45 soir. L'ambassadeur se déclare prêt à demander
une explication à Berlin par un télégramue en clair qui sera
soumis à M. Sasonow. A ce sujet télégramme n° 215 (46).

DIMANCHE 2 AOUT.

Le 2 août à 8 h. 30 matin départ de l'ambassade, du consulat
général et du ministre royal de Bavière pour Abo à destination de Stockholm.

---

(46) Voir n° 606.

--- ---

Note de l'ambassadeur à Pétersbourg
sur la politique russe du 29 au 31 juillet 1914 (1)

Berlin, le 13 août 1915.

D'après le rapport de M. Ballin, le Tsar a déclaré au conseiller d'Etat Andersen qu'il avait l'intention de proposer à S. M. notre Empereur une entrevue dans un port de la Baltique pour discuter verbalement les complications politiques menaçantes, lorsqu'était parvenu l'ultimatum allemand assignant un délai de 12 heures, qui lui avait rendu cette démarche impossible.

A ce sujet je me permets d'exposer ce qui suit :

On sait que le 29 juillet le général Januchkjewitch chef de l'Etat-Major général russe avait renouvelé à notre attaché militaire l'assurance solennelle qui lui avait été donnée trois jours auparavant par le Ministre de la Guerre qu'on ne mobiliserait pas contre l'Allemagne. Le même jour, M. Sasonow, à qui j'avais fait part de mes sérieuses inquiétudes au sujet de la mobilisation russe à la frontière de Galicie, m'avait fait la même affirmation, également sous une forme solennelle. Le 30 juillet, en ce qui concerne Pétersbourg, n'a pas amené de modification sensible à la situation. Tant que le Gouvernement russe déclarait s'abstenir d'armements contre nous et ne vouloir entreprendre aucuns actes d'hostilité contre l'Autriche-Hongrie, il y avait encore de faibles perspectives d'une solution pacifique. Mais M. Sasonow savait, par les très sérieuses représentations que je lui ai faites le 29 à midi de ma propre initiative, et le soir du même jour, conformé-

---

(1) D'après l'original écrit par Pourtalès le 13 août 1915.

ment aux instructions expresses de M. le Chancelier de l'Empire, contre les armements russes, que toute continuation de
ces armements aurait pour conséquence des mesures militaires de notre part. On ne lui avait pas caché qu'alors la
guerre serait presqu'impossible à empêcher.

Le Tsar devait donc connaître le 30 juillet la haute gravité de la situation. S'il voulait faire une démarche sérieuse
pour amener une solution pacifique du conflit, il en était
grand temps le 30 juillet. Il pouvait encore le faire à ce
moment, sans céder à une pression de notre part.

Le 31 juillet, matin je reçus de Berlin une communication
portant que nous avions décidé le Cabinet de Vienne à
reprendre les conversations directes avec Pétersbourg. Je
me disposais à faire part personnellement à M. Sasonow de
cette nouvelle de la plus haute importance qui était propre à
amener une détente appréciable dans la situation, lorsque
l'attaché militaire m'annonça que, dans la nuit du 30 au
31 juillet, la mobilisation de toute l'armée russe avait été
ordonnée. De ma fenêtre je pus moi-même m'assurer que
l'ordre de mobilisation était affiché à tous les coins de rue.
Je me rendis immédiatement au Ministère où je ne trouvai
que M. Nératow, vu que M. Sasonow venait de partir pour
Péterhof. Je déclarai directement à M. Neratow et téléphoniquement à M. Sasonow que je considérais la situation
comme perdue si la fatale mesure de la mobilisation n'était
pas immédiatement rapportée. L'arrêt de la mobilisation me
paraissait d'autant plus possible et indiqué que notre médiation avait obtenu le résultat d'amener la reprise des conversations directes entre Vienne et Pétersbourg. A midi je me
décidai à me rendre moi-même à Péterhof auprès du Tsar
pour lui exposer franchement la situation. Le Tsar a entendu
de ma bouche que la mobilisation générale russe, après les
assurances tranquillisantes qui nous avaient été données il y
a quelques jours, serait considérée dans toute l'Allemagne
comme une provocation inouïe et une menace, et que, par
suite il n'y avait plus qu'un moyen de maintenir la paix,
soit l'ordre immédiat de l'arrêt de la mobilisation.

A cet instant le Tsar avait encore le pouvoir de s'arrêter

sur la pente fatale. La remise de notre ultimatum par lequel
nous exigions l'arrêt de la mobilisation s'effectua seulement
dans la nuit suivante, à minuit. Lorsque le Tsar dit maintenant que l'ultimatum allemand lui avait rendu impossible
d'entreprendre la démarche amicale qu'il se proposait et qui
aurait évité la guerre, son assertion n'est pas exacte.

F. POURTALÈS.

**Le Secrétaire d'Etat
à la disposition Zimmermann
au baron de Bussche, Sous-Secrétaire d'Etat
au Ministère des Affaires Etrangères.
(Lettre personnelle) (1).**

[Berlin] samedi [le 11 août 1917] (2).

Mon cher Bussche,

En fait, l'information de l' « Evening News » est exacte, vu que nous avons reçu l'ultimatum adressé à la Serbie environ 12 heures avant sa remise. Par contre, je ne me souviens absolument pas l'avoir déclaré à un diplomate américain. On peut donc publier un démenti. Mais, vu que nous ne pourrons pas éternellement cacher le fait que nous en avons eu connaissance, est-ce opportun ? Je m'abstiens de me prononcer à cet égard.

Meilleures salutations
de votre dévoué
ZIMMERMANN.

------

(1) D'après l'expédition de la main de Zimmermann.
(2) Timbre d'enregistrement à l'entrée du Ministère des Affaires Etrangères : 11 août 1917.

ANNEXE VIII

Note du baron de Bussche
Sous-Secrétaire d'Etat des Affaires Etrangères (1).

[Berlin, 30 août 1917] (2).

Le jour après la remise en juillet 1914 par l'ambassadeur d'Autriche-Hongrie à S. M. l'Empereur, du message de l'Empereur François-Joseph et la réception à Potsdam du Chancelier de l'Empire de Bethmann-Hollweg et du Sous-Secrétaire d'Etat Zimmermann, une conférence des autorités militaires a eu lieu à Potsdam chez Sa Majesté. Y ont pris part : S. Exc. Capelle pour Tirpitz, le capitaine Zenker pour l'Etat-Major de la Marine, des représentants du Ministère de la Guerre et de l'Etat-Major général. Il fut résolu de prendre en tous cas des mesures préparatoires en vue de la guerre. Des ordres ont été donnés en conséquence — source absolument sûre (3).

BUSSCHE.

---

(1) D'après l'expédition de la main du Sous-Secrétaire d'État des Affaires Étrangères d'alors, de Bussche. Les mots abrégés sont reproduits intégralement.

(2) Timbre d'enregistrement à l'entrée du Ministère des Affaires Étrangères : 3o août 1917.

(3) Cf. à cette note la déclaration des deux auteurs de la publication dans les observations préliminaires.

**Le comte B. Wedel, Ambassadeur à Vienne
au baron de Bussche, Sous-Secrétaire d'Etat
des Affaires Etrangères (Lettre personnelle) (1).**

Vienne, 5 septembre 1917 (2).

Mon cher Bussche,

Stumm m'a écrit peu avant son congé que Czernin aurait
dit à Berlin que Tschirschky aurait déclaré en juillet 1914 à
Berchtold que, si l'Autriche-Hongrie ne se décidait pas à une
action énergique contre la Serbie, nous devrions chercher
une autre orientation. Il me priait d'essayer d'éclaircir ce
fait. Les archives ne contiennent rien à ce sujet. Stolberg
considère comme impossible que le prudent Tschirschky ait
fait une pareille déclaration. Pour être sûr de mon fait, j'ai
interrogé Berchtold. Celui-ci a répondu négativement à ma
question, et m'a dit que Tschirschky lui avait déclaré que
l'Allemagne considérait une action énergique contre la
Serbie, comme désirable. A ma question sur le point de
savoir si Tschirschky avait recouru à des moyens de pression pour y pousser le Gouvernement austro-hongrois, il
répondit : « Non, T. n'a pas recouru à des moyens de pression. »
Cela aurait d'ailleurs été incompréhensible, vu que Vienne
même insistait sur la nécessité de cette action et voulait
s'assurer de notre appui. Je ne manquerai pas d'attirer l'attention du comte Czernin sur son erreur. Il y a ici aussi un

------

(1) D'après l'expédition de la main de B. Wedel.
(2) Timbre d'enregistrement à l'entrée du Ministère des Affaires Etrangères: 7 septembre 1917 matin.

Ballplatz des gens qui rejetteraient volontiers sur nous la responsabilité de la guerre, et qui inventent de pareils contes.
La note à la Serbie n'a été connue à Berlin que le jour de sa
remise à Belgrade. Tschirschky ne l'avait pas communiquée
par télégramme, mais par la poste. Jagow a alors dit immédiatement à Szögyény que la note avait le défaut de couper
tous les ponts. Si sévère que pût être une note, elle devait toujours laisser une *issue* pour le cas où l'autre partie serait
prête à céder.

Avec mes meilleures salutations.

Votre dévoué
WEDEL.

INDEX DES NOMS CITÉS

1. L'index reproduit les noms de toutes les personnes mentionnées dans les documents des quatre volumes y compris les annexes I à IX, dans l'*adresse*, dans le *texte* ou dans la *signature*, soit par leur nom, soit par leur *qualité officielle* (par exemple l'attaché naval d'Allemagne à Londres).

2. Toutefois en ce qui concerne les personnes qui ont rédigé et signé ou reçu un *très grand* nombre de documents — comme le Chancelier de l'Empire allemand, le Secrétaire d'État et le Sous-Secrétaire d'État des Affaires étrangères, les ambassadeurs de l'Empire allemand, etc. — les numéros des documents où ils figurent comme destinataires ou expéditeurs n'ont *pas* été indiqués, mais seulement les numéros des pièces où ils ont été nommés dans le *texte*. C'est pourquoi on renvoie à cet égard aux tableaux précédant chaque volume et à la liste des documents classés d'après leurs expéditeurs suivant l'index des noms.

3. Les chiffres indiqués se réfèrent aux *numéros des documents* et non aux pages.

4. Les noms des personnes qui ne sont mentionnées que dans les *notes* ne sont insérés que lorsqu'ils sont rédacteurs de documents dans leur rédaction définitive. Ne sont *pas* insérés en règle générale, les noms des fonctionnaires du Ministère des Affaires Étrangères; c'est pourquoi on ajoute ci-après la liste du personnel de la Direction Politique du Ministère.

LISTE DU PERSONNEL
DE LA DIRECTION POLITIQUE

MINISTÈRE DES AFFAIRES ÉTRANGÈRES EN JUILLET ET AOUT 1914

DIRECTEUR

Stumm (Guillaume de), conseiller intime de légation avec titre et rang d'envoyé extraordinaire et ministre plénipotentiaire.

CONSEILLERS RÉFÉRENDAIRES (1).

Hammann (Dr), véritable conseiller intime de légation.

Wedel (Dr), (Botho, comte de), avec titre et rang d'envoyé extraordinaire et ministre plénipotentiaire.

Bergen (Dr de), véritable conseiller intime de légation avec titre et rang d'envoyé extraordinaire et ministre plénipotentiaire.

Montgelas (Adolphe, comte de), conseiller intime de légation.

Mirbach-Harff (comte de), conseiller intime de légation.

Langwerth de Simmern (Dr baron de), conseiller intime de légation.

Radowitz (de), véritable conseiller de légation.

Rosenberg (Dr de), véritable conseiller de légation.

COLLABORATEURS PERMANENTS.

Esternaux, conseiller de légation.

Heilbron, conseiller de légation.

Riezler (Dr), conseiller de légation.

---

(1) Les rapporteurs ont souvent changé, vu les congés fréquents des conseillers référendaires, et leurs noms ne peuvent être établis pour chaque jour avec certitude.

INDEX DES NOMS CITÉS

NUMÉROS

Attaché militaire d'Allemagne à Bruxelles.	Voir Klüber.
Attaché militaire d'Allemagne à Londres.	402, 669, 708.
Attaché militaire d'Allemagne à la Cour de Russie.	Voir Chelius.
Attaché militaire d'Allemagne à Pétersbourg.	Voir Eggeling.
Attaché militaire d'Allemagne à Rome.	Voir Kleist.
Attaché militaire d'Allemagne à Stockholm.	520.
Attaché militaire d'Allemagne à Vienne.	Voir Kageneck.
Attaché militaire d'Autriche-Hongrie à Berlin.	601.
Attaché militaire d'Autriche-Hongrie à Bucarest.	688.
Attaché militaire d'Autriche-Hongrie à Cettigné.	284.
Attaché militaire d'Autriche-Hongrie à Londres.	708.
Attaché militaire d'Autriche-Hongrie à Pétersbourg.	331, 427.
Attaché militaire d'Autriche-Hongrie à Rome.	557, 609.
Attaché militaire de Russie à Berlin.	Voir Tatichtchew.
Attaché militaire de Turquie à Paris.	365 a.
Attaché militaire de Turquie à Pétersbourg.	767.
Attaché naval d'Allemagne à Londres.	174, 182, 207, 221, 407, 474, 691, 706, 708, 736, 764, 819, 831, 853.
Attaché naval d'Allemagne pour les États du Nord ayant sa résidence à Pétersbourg.	203.
Attaché naval d'Allemagne à Vienne.	328.
Attaché naval de Russie à Berlin.	203.
Autriche-Hongrie (héritier du Trône d').	337.
Avarna (Giuseppe duc d') ambassadeur d'Italie à Vienne.	42, 78, 155, 211, 212, 269, 326, 328, 428, 443, 510, 541, 556, 573, 577, 594, 668, 844, 862, Annexe II.

	NUMÉROS
Berchtold (*suite*).	324, 325, 326, 328, 337, 346, 352, 356, 357, 361, 363, 384, 388, 396, 400, 407, 423, 425, 427, 428, 429, 432, 433, 434, 441, 444, 447, 448, 464, 465, 469, 476, 489, 510, 541, 544, 555, 563, 573, 577, 585, 594, 668, 672, 698, 704, 760, 818, 828, 862, Annexe IV 2, 4, 11, IX.
Berckheim (comte de), ministre de Bade à Berlin.	Annexe IV 13.
Bergen (Dr de), conseiller référendaire au Ministère des Affaires Etrangères.	351, 556, 563, 594, 760, 860, 871.
Berlin (Bourgmestre de).	Annexe IV 13.
Berthelot, directeur politique adjoint au Ministère des Affaires Etrangères de France.	241, 292.
Bertie (Sir Francis L.), ambassadeur d'Angleterre à Paris.	329.
Bertrab (de), lieutenant-général prussien, quartier-maître au Grand Etat-Major général et chef du service de topographie.	Annexe aux Observations préliminaires.
Beseler (Dr), Ministre de la Justice de Prusse.	456.
Bethmann Hollweg (Dr Th. de) Chancelier de l'Empire, Président du Conseil des Ministres et Ministre des Affaires Etrangères de Prusse.	6, 6b, 23, 105, 163, 182, 207, 229, 254, 282, 301, 320, 328, 353, 371, 374, 398, 421, 440, 456, 477, 497, 530, 553, 694, 703, 715, 722, 790, 824, 829, Annexe IV, 7, 12, 15, 16 18, 27, 29, 34, V, VI, VIII.
Bienvenu-Martin, Ministre de la Justice de France et sénateur, remplaçant le Ministre des Affaires Etrangères pendant son voyage à Pétersbourg.	154, 170, 235, 292, 310, 345, 350.
Bilinski (Dr K. de), Ministre des Finances commun d'Autriche-Hongrie.	301.

NUMÉROS

	NUMÉROS
Eyschen, Ministre d'État du Luxembourg et Président du Gouvernement.	486, 511, 602, 606, 619, 637, 644, 647, 730, 746, 812.
Fabeck (de), lieutenant-colonel et chef de division au Grand État-Major général prussien.	663.
Falkenhayn (de), lieutenant général, Ministre de la Guerre de Prusse.	456, 499, 554, 693, 694, Annexe IV 2.
Fasciotti (baron Ch.), ministre d'Italie à Bucarest.	135, 177, 211, 227, 261, 582.
Ferdinand, Roi de Bulgarie.	11, 15, 38, 162, 673, Annexe IV 2.
Ferdinand, Prince de Roumanie (Prince héritier).	41.
Ferry (Abel), Sous-Secrétaire d'État des Affaires Étrangères de France.	310.
Flotow (Dr H. de), ambassadeur d'Allemagne à Rome.	46, 59, 63, 68, 168, 326, 428.
Forgach de Ghymes et Gacs (Dr J. comte de), chef de section au Ministère des Affaires Étrangères d'Autriche-Hongrie.	35, 95, 106, 120, 128, 137, 326, 328, 433, 465, 577, 672, 877, 878.
François Ferdinand d'Autriche-Este, Archiduc, héritier du trône d'Autriche-Hongrie.	4, 14a, 16, 20, 38, 39, 41a, 43, 53, 62, 64, 100, 120, 233, 307, 335, 423, 471, 553, Annexes I, IV 4.
François-Joseph I, Empereur d'Autriche, Roi de Bohême, etc., Roi Apostolique de Hongrie.	6b, 9, 11, 15, 16, 19, 23, 25, 29, 33, 40, 49, 50, 53, 63, 66, 77, 88, 113, 120, 121, 151, 332, 337, 379, 434, 437, 441, 464, 465, 471, 472, 482, 502, 503, 553, 594, 601, 672, 700, 766, 826, Annexes II III, IV 1, 20, 24, 26, VIII.
Frank (L. chevalier de), général d'infanterie autrichien, inspecteur d'armée et chef de la première armée formée contre la Serbie.	524.
Frédéric, Archiduc, général d'infanterie autrichien, inspecteur d'armée.	372.

	NUMÉROS
Guillaume II, Empereur d'Allemagne, Roi de Prusse.	2, 3, 4, 6a, 6b, 11, 15, 16, 18, 19, 23, 28, 29, 30a, 33, 41, 62, 67, 80, 82, 84, 101, 116, 125, 132, 133, 140, 141, 144, 163, 173, 174, 197, 221, 229, 236, 242, 267, 270, 283, 285, 288, 308, 320, 332, 334, 337, 344, 354, 374, 383, 387, 389, 390, 391, 399, 401, 402, 408, 412, 413, 417, 437, 441, 445, 452, 456, 457, 466, 469, 470, 471, 472, 474, 477, 480, 482, 487, 502, 503, 504, 513, 529, 530, 535, 536, 540a, 542, 553, 572, 574, 575, 580, 583, 594, 599, 600, 601, 608, 620, 628, 638, 666, 672, 676, 683, 696, 702, 715, 720, 733, 754, 755, 765, 766, 771, 773, 778, 779, 780, 783, 803, 837, 850, 866, Annexes II, III, IV 1, 8, 9, 12, 18, 27, 28, 29, V, VI, VIII.
Guillaume, prince héritier de l'Empire d'Allemagne et de Prusse.	84, 105, 132, 133, Annexe IV 27.
Guillaume, Prince d'Albanie, Prince de Wied.	Voir Wied.
Haase (Hugo), chef socialiste allemand.	559.
Haldane (Vicomte), docteur phil. honoris causâ, lord Grand-chancelier et Garde du sceau.	56, 254, 401.
Halil Bey, Ministre des Affaires Etrangères de Turquie et Président du Conseil d'Etat.	117.
Hammann (Dr), conseiller référendaire au Ministère des Affaires Etrangères d'Allemagne.	572.
Hansi, caricaturiste alsacien.	232.

NUMÉROS

Hoyos (Alexandre comte de), chef de cabinet du Ministre des Affaires Etrangères d'Autriche-Hongrie. — 18, 23, 61, 87, 176, 301, 326, 361, 465, Annexe IV, 2, VIII.

Hutten-Czapski (B. comte de), gouverneur prussien de Posen. — 298.

Isendahl, capitaine de frégate à l'Etat-Major de la Marine allemande. — 255.

Iswolsky, ambassadeur de Russie à Paris. — 50, 485, 558.

Italie (Roi d'). — Voir Victor-Emmanuel III.

Iwanow, général russe, commandant en chef du 22ᵉ corps d'armée russe. — 521, 552.

Jagow (Gottlieb de), Secrétaire d'Etat des Affaires Etrangères d'Allemagne. — 74, 80, 161, 179, 211, 256, 304, 305, 326, 443, 456, 532, 534, 560, 568, 721, 734, 771, 823, 839, Annexe IV 2, 32, 34, IX.

Janensch, capitaine prussien, faisant partie du Grand Etat-Major général, en service auprès de l'attaché militaire d'Allemagne à Paris. — 424.

Jankowitch (Bosidar), général serbe en disponibilité. — 19 a.

Januchkjewitch, lieutenant général russe et chef de l'Etat-Major général. — 291, 370, Annexe V, VI.

Jaurès, député français et chef du parti socialiste, assassiné le 31 juillet 1914. — 559.

Johnston (Sir Harry). — 382.

Jowanowitch (Dr M.), deuxième secrétaire de la légation de Serbie à Berlin, chargé d'affaires à titre temporaire. — 271.

Juan-Chi-Kaï, Président de la République chinoise. — 796.

Kageneck (comte), major prussien et aide de camp, attaché militaire à l'ambassade d'Allemagne à Vienne. — 74, 672, 704.

Keir Hardie, chef socialiste anglais. — 559.

Kempf, conseiller de légation, consul d'Allemagne à Bruxelles. — 845.

Kinsky (Fery comte de), secrétaire de légation au Ministère des Affaires Etrangères d'Autriche-Hongrie. — 704.

— 223 —

NUMÉROS

Pallavicini (marquis J. de), ambassadeur d'Autriche-Hongrie à Constantinople.	45, 71, 98, 99, 129, 149, 183, 320, 398, 431, 580, 652, 795, 816, 828, 856, Annexe IV 11.
Pachitch (Nicolas), Président du Conseil des ministres de Serbie.	9, 32, 53, 72, 87, 110, 137, 139, 176, 609.
Patchu (Dr L.), Ministre des Finances de Serbie.	139, 176.
Pichon (St.), Ministre des Affaires Etrangères de France 1913-1914.	223.
Pierre, Roi de Serbie.	159, 191, 271, Annexes I, IV 2.
Pless (princesse de), épouse du prince Hans Henri XV, née Mary Theresa Olivia West de la Maison des Earls Delawar.	470.
Plessen (de), général prussien, aide de camp général de service.	293.
Plettenberg (de), directeur du Norddeutscher Lloyd.	80, 90.
Pohl (de), amiral, chef de l'Etat-Major de la Marine allemande.	182, 474, 821.
Poincaré (Raymond), Président de la République française.	40, 49, 50, 56, 65, 85, 93, 96, 108, 112, 125, 130, 131, 134, 181, 191, 203, 250, 286, 291, 374, 402, 415, Annexe IV 2, 4, 11.
Pollio (Alb.), ancien chef de l'Etat-Major général italien.	11, 662, 850.
Popowitch, général serbe.	416, 524.
Popowitch (Rade), capitaine de douane serbe.	Annexe I.
Porumbaro, Ministre des Affaires Etrangères de Roumanie.	135, 185, 262, 868.
Potiorek (O.), général d'artillerie autrichien, inspecteur d'armée, gouverneur des provinces de Bosnie et d'Herzégovine.	524.
Pourtalès (comte Frédéric de), ambassadeur d'Allemagne à Pétersbourg.	1, 52, 100, 112, 128, 148, 308, 309, 323, 366, 396, 399, 408, 420, 425,

	NUMÉROS
Pourtalès (*suite*).	427, 429, 437, 439, 469, 513, 627, 628, 723, Annexe IV a, 14, V.
Président du Conseil des Ministres d'Angleterre.	Voir Asquith.
Président du Conseil des Ministres d'Autriche.	Voir Stürgkh.
Président du Conseil des Ministres d'Autriche-Hongrie.	Voir Berchtold.
Président du Conseil des Ministres de Bade.	Voir Dusch.
Président du Conseil des Ministres de Bavière.	Voir Hertling.
Président du Conseil des Ministres de Belgique et Ministre de la Guerre.	540.
Président du Conseil des Ministres de Bulgarie.	Voir Radoslawow.
Président du Conseil des Ministres d'Espagne.	615.
Président du Conseil des Ministres de France.	Voir Viviani.
Président du Conseil des Ministres de Grèce.	Voir Venizelos.
Président du Conseil des Ministres de Hongrie.	Voir Tisza.
Président du Conseil des Ministres d'Italie et Ministre de l'Intérieur.	Voir Salandra.
Président du Conseil des Ministres du Monténégro.	195.
Président du Conseil des Ministres de Norvège.	692.
Président du Conseil des Ministres de de Portugal.	617.
Président du Conseil des Ministres de Prusse, Ministre des Affaires Etrangères.	Voir Bethmann Hollweg.
Président du Conseil des Ministres de Roumanie et Ministre de la Guerre.	Voir Bratiano.
Président du Conseil des Ministres de Serbie et Ministre des Affaires Etrangères.	Voir Pachitch.

TABLE DES DOCUMENTS

CLASSÉS D'APRÈS LES EXPÉDITEURS

———————

1. Les chiffres se réfèrent aux numéros des documents et non aux
pages.

2. Il n'est mentionné que les numéros des documents dont le texte
est reproduit en entier. Il n'est *pas* tenu compte des documents
qui ne sont cités que dans les notes.

3. Les numéros entre crochets, par exemple [115], signifient que le
document n'a pas été adressé directement par l'expéditeur
nommé au destinataire indiqué, mais que, seul, son contenu
constitue une communication du premier au dernier.

B. — Correspondance de l'Empereur avec d'autres Personnalités.

L'attaché militaire à la Cour de
Russie
à l'Empereur
N° 291.

Le Prince Henry de Prusse
à l'Empereur
N° 374.

L'Empereur
au Kronprinz de l'Empire allemand et de Prusse
N° 105.

La Fontaine, Président du Bureau
international de la Paix
à l'Empereur.
N° 583.

La Princesse Pless
à l'Empereur
N° 470.

Lord Rothschild
à l'Empereur
N° 580.

C. — Correspondance du Ministère des Affaires Etrangères.

(PAR ORDRE ALPHADÉTIQUE)

Le Ministère des Affaires Etrangères
aux Représentantsdiplomatiques
d'Allemagne à l'Etranger
N°° 423, 703.

Le Ministère des Affaires Etrangères
aux Gouvernements allemands
confédérés.
N°° 307, 553 (Session du Bun-
desrat·, 849.

Le Ministère des Affaires Etrangères
au Secrétaire d'Etat pour l'Alsace-Lorraine
N° 58.

Le Secrétaire d'Etat pour l'Alsace-
Lorraine
au Ministère des Affaires Etrangères
N° 232.

Le Ministère des Affaires Etrangères
à l'ambassade d'Angleterre
N° 373.

L'ambassade d'Angleterre
au Ministère des Affaires Etrangères
N°° 304, 353, 497, [522] 595,
610, 720, 823, 824, 839, 863.

Le Consulat général à Anvers
au Ministère des Affaires Etrangères
N° 467.

Le Ministère des Affaires Etrangères
à la légation à Athènes
N°° 122, 453, 504, 763, 832.

La légation à Athènes au Ministère des Affaires Etrangères.
N°° 24, 34. 189, 243. 330, 360,
381, 430, 512, 538, 660, 702, 803.

L'ambassade d'Autriche-Hongrie
au Ministère des Affaires Etrangères
N°° [23], 268, 305, 306, 352,
[425]. 427, 428, [429], [498],
[556], 557. 594, 659, 723
759, 760, 761, 826, 828, [860],
[871], 879.

Le consulat à **Bâle**
au Ministère des Affaires Etrangères
Nos 645, 678.

Le Ministère des Affaires Etrangères
à **Ballin** directeur général de la
Hapag
Nos 56, 572.

Ballin, directeur général de la
Hapag
au Ministère des Affaires Etrangères
No 254.

La légation de **Belgique**
au Ministère des Affaires Etrangères
Nos [495] 656

Le Ministère des Affai   ran-
gères
à la légation à **Belgrade**
Nos 114, 762.

La légation à **Belgrade**
au Ministère des Affaires Etrangères
Nos 10, 12 19 a, 32, 137, 139,
158, 159. 416, 523.

Le Ministère des Affaires Etrangères
à la légation à **Berne**
Nos 514, 701, 703.

La légation à **Berne**
au Ministère des Affaires Etrangères
Nos 509, 681.

Le Ministère des Affaires Etrangères
à la légation à **Bruxelles**
Nos 375, 376, 505 648 677, 682,
791, 805.

La légation à **Bruxelles**
au Ministère des Affaires Etrangères
Nos 403, 540 559, 565, 581, 584,
650 695, 709, 735, 770. 845.

Le Ministère des Affaires Etrangères
ion **Bucarest**

Nos 16, 21, 39, 44, 63, 214, 298,
316, 317, 321, 389 472, 475,
506. 563, 640. 729, 743, 830,
847.

La légation à **Bucarest**
au Ministère des Affaires Etrangères
Nos 28, 41, 66, 135, 177, 185,
262, 298, 379. 463, 582, 604,
688. 699, 786. 794, 811 833,
867, 868.

La légation au **Caire**
au Ministère des Affaires Etrangères
No 592.

Le Ministère des Affaires Etrangères
au ministre-résident à **Cettigné**
No 322.

Le ministre-résident à **Cettigné**
au Ministère des Affaires Etrangères.
Nos 195, 284, 358, 394, 470, 622.

Le Ministère des Affaires Etrangères
à la légation à **Christiania**
No 703

La légation à **Christiania**
au Ministère des Affaires Etrangères
Nos 286. 653, 789. 838.

**Le commandant en chef des
Marches**
au Ministère des Affaires Etrangères
No [721].

Le Ministère des Affaires Etrangères
à l'ambassade à **Constantinople**
Nos 45, 144, 320, 354, 431, 508,
547, 586 711, 712, 751, 836.

L'ambassade à **Constantinople**
au Ministère des Affaires Etrangères
Nos 71, 81, 98, 99, 102, 117,
147, 149, 183, 184, 256, 263,
285, 304 305 a. 398, 405, 411,
517, 652, 726, 733, 767, 795,
815, 852, 854, 856.

Le Ministère des Affaires Etrangères
à la légation à **Copenhague**
Nos 181, 371, 703.

La légation et le consulat général
à **Copenhague**
au Ministère des Affaires Etrangères
Nos 250, 532, 616, 800, 846, 855.

Le Ministère des Affaires Etrangères
à la légation de **Danemark**
No [494].

La légation de **Danemark**
au Ministère des Affaires Etrangères
Nos 560, 724.

Le Président du Gouvernement à
Düsseldorf
au Ministère des Affaires Etrangères
No 708.

Le Ministère des Affaires Etrangères
à l'**Empereur** et au ministre de
la Suite impériale
Nos 25, 32a, 67, 69, 84, 90,
[110], 121, 125, 168, 182, 191,
197, 221, 245, 270, 283, 308,
399, 407, 408, 440, 466, 599,
629, 778.

L'**Empereur** et le ministre de la
Suite impériale
au Ministère des Affaires Etrangères
Nos 30 a, 79, 80, 133, 141, 173,
[174], 231, 293 [540a], 683,
780.

Le Grand **Etat-Major général**
au Ministère des Affaires Etrangères
Nos 74, 349, 372, 424, 500, 524,
609, 639, 662, 663, 670, 739,
[752], 788, 793, 804, 807, 813,
822, 825, 869, 876.

Le Ministère des Affaires Etrangères
à l'**Etat-Major de la Marine**
No [101].

L'**Etat-Major de la Marine**
au Ministère des Affaires Etrangères
Nos 82, 96, 111, [115], 175, 255,
655, 718, 808, 821.

L'**ambassade de France**
au Ministère des Affaires Etrangères
No 722.

Le consulat général à **Gônes**
au Ministère des Affaires Etrangères
No 533.

Le Ministère des Affaires Etrangères
à la légation de **Prusse** à **Hambourg**
No 107.

Le Ministère des Affaires Etrangères
à la Commission du Sénat pour
les Affaires de l'Empire et les
Affaires Etrangères de la Ville
libre et hanséatique d'**Hambourg**
No 636.

La Commission du Sénat pour les
Affaires de l'Empire et les
Affaires Etrangères de la
Ville libre et hanséatique
d'**Hambourg**
au Ministère des Affaires Etran-
gères
Nos 591, 679, 685, 834.

Le consulat à **Hong-Kong**
au Ministère des Affaires Etrangères
No 737.

L'**ambassade d'Italie**
au Ministère des Affaires Etrangères
Nos 754, 756, 757.

La légation de **Prusse** à **Karlsruhe**
au Ministère des Affaires Etrangères
No 303.

Le consulat à **Kowno**
au Ministère des Affaires Etrangères
Nos 264, 404.

Le **Kronprinz** de l'Empire allemand et de Prusse
au Ministère des Affaires
Etrangères
N° 132.

Le Ministère des Affaires Etrangères
à la légation à **La Haye**
N°° 426, 671, 674, 677.

La légation à **La Haye**
Au Ministère des Affaires Etran-
gères
N°° 516, 727, 738, 792, 797.

Le Ministère des Affaires Etrangères
à la légation à **Lisbonne**
N°° 651, 741.

La légation à **Lisbonne**
au Ministère des Affaires Etrangères
N° 617.

Le Ministère des Affaires Etrangères
à l'ambassade à **Londres**
N°° 3, 36, 48, 72, 126, 140, 153,
164, 192, 199, 234, 248, 272,
278, 279, 314, 393, 409, 444,
488, 513, 529, 578, 579, 605,
626, 635, 643, 667, 677, 693,
696, 710, 713, 714, 717, 719,
725, 742, 744, 747, 777, 790,
810, 829, 848.

L'ambassade à **Londres**
au Ministère des Affaires Etrangères
N°° 5, 20, 30, 43, 52, 55, 62, 76
85, 92, 118, 124, 129, 152,
157, 161, 163, 165, 179, 180,
186, 191 a, 201, 218, 236, 237,
258, 265, 266, 301, 355, 357,
362, 368, 418, 435, 438, 439,
447, 454, 460, 469, 484, 489,
518, 537, 562, 570, 576, 596,
603, 611, 630, 631, 641, 669,
676, 687, 689, 691, 706, 707,
708, 731, 732, 736, 764, 769,
770, 782, 784, 799, 801, 819,
820, 831, 835, 853.

Le Ministère des Affaires Etrangères
au Gouvernement grand-ducal
et à la légation à **Luxembourg**
N°° 640, 649.

Le Gouvernement grand-ducal et
la légation à **Luxembourg**
au Ministère des Affaires Etrangères
N°° 480, 511, 602, 606, 619, 637,
644, 647, 684, 730, 746, 787
(16e division d'infanterie,
[812], 842 (16e division d'infanterie).

Le Ministère des Affaires Etrangères
à l'ambassade à **Madrid**
N° 741.

L'ambassade à **Madrid**
au Ministère des Affaires Etrangères
N°° 615, 851.

**Ministère des Affaires Etran-
gères (notes intérieures)**
N°° 6, 23, 57, 101, 115, 116, 174,
340, 351, 425, 429, 468, 494,
495, 496, 498, 522, 540 a 556,
749, 752, 753, 781, 812, 827,
860, 871, annexes VII, VIII.

Le **Ministère de la Guerre**
au Ministère des Affaires Etrangères
N°° 499, 554.

Le Ministère des Affaires Etrangères
au **Ministère de la Marine**
N°° 623, 657, 875.

Le **Ministère de la Marine**
au Ministère des Affaires Etrangères
N°° 621, 634, 654, 775, 870.

Le consulat général à **Moscou**
au Ministère des Affaires Etrangères
N°° 295, 333, 369.

La légation de Prusse à **Munich**
au Ministère des Affaires Etrangères
N°° 740, 758.

L'Office central télégraphique à Berlin
au Ministère des Affaires Etrangères
N°⁵ 680, 686.

Le Ministère des Affaires Etrangères
à l'ambassade à **Paris**
N°⁵ 153, 200, 234, 247, 341 461, 491, 543, 587. 608, 625, 632. 633, 642, 710, 734, 734 a 734 b, 734 c.

L'ambassade à Paris
au Ministère des Affaires Etrangères
N°⁵ 154, 166, 169, 170, 235, 240, 241, 252, 292, 310 345, 350, 367, 430, 455, 483, 485, 528. 571, 590, 598, 705, 776, 809.

La légation à Pékin
au Ministère des Affaires Etrangères
N° 790

Le Ministère des Affaires Etrangères
à l'ambassade à **Pétersbourg**
N°⁵ 93, 100, 143, 153, 198, 219, 234, 300, 315, 334. 342. 380, 387. 391 392, 397, 413, 462, 490. 539 (Pétersbourg-Fredericks), 542, 593, 624.

L'ambassade et l'attaché militaire à Pétersbourg
au Ministère des Affaires Etrangères
N°⁵ 1, 53, 108. 120, 130, 134, 148, 160, 190, 194. 203, 204 205, 215, 216. 217, 229, 230, 238, 242, 253. 274. 275. 282, 288, 289. 290, 296. 297. 337, 338, 339. 343, 344. 365. 370, 376 a. 378, 401. 410, 412. 421, 445. 449, 459, 473, 478, 521, 527. 531, 535, 536, 551. 564, 588, 666, Annexes V, VI.

Le consulat à Riga
au Ministère des Affaires Etrangères
N° 294.

Le Ministère des Affaires Etrangères
à l'ambassade à **Rome**
N°⁵ 33, 44, 47. 145, 193, 209, 227. 239, 273 287, 325. 457, 492, 501. 519, 541. 607, 613, 628, 664, 690, 694, 713, 717. 719, 725. 774, 808.

L'ambassade à Rome
au Ministère des Affaires Etrangères
N°⁵ 38, 42. 51. 54, 59, 60. 64, 73, 75, 78. 109, 119. 136, 156, 167, 196, 211, 220. 225, 244, 249 260. 261. 363. 414, 419, 446. 458, 481, 534, 550, 566. 568, 614. 658, 675, 745, 748, 771, 850, 859.

La légation de Roumanie
au Ministère des Affaires Etrangères
N°⁵ 208, [351].

L'ambassade de Russie
au Ministère des Affaires Etrangères
N° 172.

Le consulat à Sarajevo
au Ministère des Affaires Etrangères
N° 6 a.

La légation de Serbie
au Ministère des Affaires Etrangères
N°⁵ 86, 271.

Le Ministère des Affaires Etrangères
à la légation à **Sofia**
N°⁵ 17, 22, 549. 697, 728, 743, 816, 805, 866. 873.

La légation à Sofia
au Ministère des Affaires Etrangères
N°⁵ 162, 251, 318, 548, 673, 857.

Le Ministère des Affaires Etrangères
à la légation à **Stockholm**
N°⁵ 123, 319, 406, 552, 703, 843.

La légation à **Stockholm**
au Ministère des Affaires Etrangères
N° 515, 520, 525, 526, 692, 802.

La légation de Prusse à **Stuttgart**
au Ministère des Affaires Etrangères
N° 558.

La légation de **Suisse**
au Ministère des Affaires Etrangères
N° 589.

La légation à **Tanger**
au Ministère des Affaires Etran
gères
N° 618 665.

Le Ministère des Affaires Etrangères
à l'ambassade à **Tokio**
N° 545.

L'ambassade à **Tokio**
au Ministère des Affaires Etrangères
N° 785.

Le consulat général à **Varsovie**
au Ministère des Affaires Etrangères
N° 276, 335 a, 422.

Le Ministère des Affaires Etrangères
à l'ambassade à **Vienne**
N° 6 b 15, 28, 31, 37, 39, 45,
46, 61, 68, 70, 77, 83, 89, 91,
97, 112, 142, 150, 171, 193,
202, 209, 210, 226, 228, 246,
267, 269, 277, 299, 309, 323,
[340], 361, 377, 383, 384, 385,
395, 396, 441, 442, 450, 451,
464, 479, 501, 507, 544, 555,
607, 613, 620, 627, 698, 750,
814, 817, 864, 872, 874.

L'ambassade à **Vienne**
au Ministère des Affaires Etrangères
N° 4, 7, 8, 9, 11, 14, 14 a, 18,
19, 27, 29, 35, 40, 41 a, 49,
50, 65, 87, 88, 94, 95, 103,
104, 106, 110, 113, 127, 128,
131, 138, 146, 151, 155, 176,
178, 187, 188, 206, 212, 213,
222, 223, 224, 257, 259, 280,
281, 302, 311, 312, 313, 324,
326, 327, 328, 329, 330, 331,
346, 347, 356, 386, 388, 400,
415, 432, 433, 434, 443, 448,
465, 468 493 510, 561, 567,
569, 573, 577, 585, 597, 668,
672, 700, 704, 772, 798, 818,
840, 841, 844, 858, 861, 862,
877, 878, Annexe IX.

D. — Autres Correspondances.

La légation de **Bavière** à Berlin
au Ministère des Affaires Etrangères à Munich
Annexe IV N° 1 à 4, 6 à 27,
29 à 35.

Le Ministère des Affaires Etrangères de **Bavière** à Munich
à la légation de Bavière à Berlin
Annexe IV N° 5, 28.

Le Commandement général du
8e corps d'armée
au Grand Etat-Major général
N° 670.

L'**Empereur**
à l'Etat-Major de la Marine, à
l'Etat-Major général, au Ministère de la Guerre et au Ministère de la Marine
N° 474.

L'attaché naval à **Londres**
au Ministère de la Marine
N° 207.

Le **Ministère de la Marine**
à l'Empereur
N° 715.

Presse, non citée sous d'autres
numéros
Nᵒˢ 2, 382, 402, 661, 773.
Séance du Gouvernement prussien.
Nᵒ 456.
Le Consulat général d'Autriche-
Hongrie à Varsovie

au Ministère des Affaires Étrangères à Vienne
Nᵒ 348.
Le Ministère des Affaires Étrangères à Vienne
à la Légation d'Autriche-Hongrie à Belgrade
Annexe I

LISTE DES TÉLÉGRAMMES PAR NUMÉROS

1. La liste contient les télégrammes pourvus de numéros aussi bien ceux dont le *texte* est reproduit en entier que ceux qui sont cités en extraits dans les *notes en bas des pages*. Les documents transmis par la poste n'y figurent pas, ainsi, naturellement, que les télégrammes sans numéro.

2. Pour les télégrammes qui ne sont cités que dans les notes en bas des pages, les numéros, en règle générale, ne sont pas indiqués. Le lecteur peut les reconstituer aisément à l'aide de cette liste.

LISTE DES TÉLÉGRAMMES PAR NUMÉROS

(CLASSÉS PAR ORDRE ALPHABÉTIQUE COMME DANS LA « TABLE DES DOCUMENTS CLASSÉS D'APRÈS LES EXPÉDITEURS, » SECTION C « CORRESPONDANCE DU MINISTÈRE DES AFFAIRES ÉTRANGÈRES »).

Le Ministre des Affaires Etrangères
à la légation à **Athènes**
Télégramme   99 Nᵒ 122
—   101 » 251 Note 2
—   102 » 453
—   104 » 504
—   109 » 763
—   111 » 832

La légation à **Athènes**
au Ministère des Affaires Etrangères
Télégramme 195 Nᵒ 24
—   213 » 189
—   218 » 243
—   220 » 336
—   221 » 360
—   222 » 381
—   223 » 436
—   227 » 512
—   228 » 538
—   231 » 702
—   234 » 803

Le consulat à **Bâle**
au Ministère des Affaires Etrangères
Télégramme   3 Nᵒ 645
—   4 » 678

Le Ministère des Affaires Etrangères à la légation à **Belgrade**
Télégramme   25 Nᵒ   8 Note 2
—   26 » 114
—   34 » 436 Note 2
—   37 » 762

La légation à **Belgrade** (1)
au Ministère des Affaires Etrangères
Télégramme   7 Nᵒ 416
—   14 » 523
—   30 » 139
—   31 » 159
—   32 » 158

Le Ministère des Affaires Etrangères
à la légation à **Berne**
Télégramme   21 Nᵒ 514
—   28 » 703
—   29 » 701

La légation à **Berne**
au Ministère des Affaires Etrangères
Télégramme   12 Nᵒ 341 Note 2
—   17 » 509
—   22 » 681

Le Ministère des Affaires Etrangères
à la légation à **Bruxelles**
Télégramme   39 Nᵒ 505
—   42 » 648

(1) Le changement des numéros s'explique par le fait que le ministre s'est rendu de Belgrade à Nisch, et, de Nisch, a recouru à un nouveau numérotage de ses télégrammes.

Télégramme 43 N° 677
— 44 » 682
— 48 » 791
— 49 » 805

La légation à Bruxelles
au Ministère des Affaires Etrangères
Télégramme 18 N° 375 Note 2
— 19 » 565
— 20 » 581
— 21 » 584
— 22 » 650
— 25 » 648 Note 1
— 26 » 695
— 28 » 735
— 29 » 779
— 44 » 799

Le Ministère des Affaires Etrangères
à la légation à **Bucarest**
Télégramme 31 N° 8 Note 2
— 33 » 16
— 34 » 21
— 36 » 44
— 38 » 63 et 60 Note 2
— 42 » 214
— 43 » 259 Note 2
— 44 » 317
— 45 » 316
— 46 » 321
— 47 » 318 Note 2
— 48 » 336 » 2
— 50 » 261 » 2
— 51 » 389
— 52 » 604 Note 3
— 53 » 436 » 2
— 54 » 472 » 1
— 55 » 475
— 58 » 506
— 63 » 563
— 64 » 569 Note 2
— 65 » 548 » 2
— 66 » 436 » 2 (répétition du télégr. 53)
— 67 » 597 Note 2
— 68 » 646
— 71 » 729
— 72 » 743

Télégramme 73 N° 763 Note 2
— 76 » 830 »
— 77 » 847

La légation à Bucarest
au Ministère des Affaires Etrangères
Télégramme 37 N° 28
— 41 » 135
— 42 » 185
— 43 » 262
— 44 » 298
— 49 » 379
— 50 » 519 Note 3
— 52 » 463
— 53 » 506 Note 4
— 54 » 582
— 55 » 604
— 58 » 688
— 59 » 699
— 60 » 646 Note 3
— 61 » 786
— 62 » 794
— 63 » 811
— 65 » 833
— 67 » 811 Note 4
— 68 » 868
— 70 » 867
— 72 » 847 Note 4

La légation au Caire
au Ministère des Affaires Etrangères
Télégramme 31 N° 592

Le Ministère des Affaires Etrangères
au ministre résident à **Cettigné**
Télégramme 15 N° 322
— 18 » 567 Note 2

Le ministre résident à Cettigné
au Ministère des Affaires Etrangères
Télégramme 17 N° 195
— 18 » 284
— 19 » 358
— 20 » 394
— 22 » 476
— 24 » 622

Le Ministère des Affaires Etrangères
à la légation à **Christiania**
Télégramme 16 N° 703

La légation à Christiania
au Ministère des Affaires Etrangères
Télégramme   17 Nᵒ 280
—   22 » 653
—   24 » 789
  29 » 838

Le Ministère des Affaires Etran-
gères
à l'ambassadeur à **Constanti-**
nople
Télégramme 268 Nᵒ 144
—   270 » 149 Note 2
—   273 » 259   » 2
—   275 » 320
—   276 » 318 Note 2
—   280 » 251   » 2
—   284 » 431
—   290 » 508
—   296 » 547
—   298 » 586
—   303 » 711
—   304 » 712
—   305 » 751
—   306 » 775 Note 2
—   313 » 836

L'Ambassade à Constantinople
au Ministère des Affaires Etrangères
Télégramme 349 Nᵒ 71
—   352 » 81
—   354 » 99
—   355 » 102
—   356 » 98
—   362 » 117
—   364 » 149
—   365 » 147
—   367 » 184
—   368 » 183
—   370 » 285
—   371 » 256
—   373 » 263
—   379 » 364
—   380 » 305 a
—   381 » 604 Note 3
—   382 » 398
—   385 » 411
—   386 » 405
—   392 » 517
—   396 » 652

Télégramme 407 Nᵒ 726 Note 3
—   408 » 726
—   409 » 733
—   415 » 767
—   416 » 795
—   417 » 815
—   423 » 854
—   424 » 856
—   426 » 852

Le Ministère des Affaires Etran-
gères
à la légation à **Copenhague**
Télégramme   25 Nᵒ 181
—   26 » 371
—   36 » 703

La légation à Copenhague
au Ministère des Affaires Etrangères
Télégramme   32 Nᵒ 250
—   41 » 532
—   42 » 616
—   48 » 846
—   49 » 855

Le Ministère des Affaires Etran-
gères
à l'**Empereur** et au ministre de
la Suite impériale
Télégramme   77 Nᵒ 32 a
—   79 » 18 Note 2
—   80 » 19   » 2
—   82 » 67
—   84 » 69
—   85 » 29 Note 2
—   85 » 90 (le Nᵒ 85
  est noté
  2 fois)
—   86 » 24 Note 2
—   87 » 28   » 2
—   89 » 125 et
  » 111 Note 2
—   92 » 40   » 2
—   108 » 81   » 2
—   111 » 92   » 2
—   114 » 99   » 2
—   115 » 104   » 2
—   116 » 121
  (désigné par erreur
  comme télégr. 132)
—   118 Nᵒ 117 Note 2
—   120 » 130   » 2

Télégramme 186 N· 315 Note 2
— 187 » 310 » 2
— 188 » 393
— 191 » 409
— 192 » 444
— 193 » 448 Note 2
— 196 » 488
— 199 » 513
— 200 » 529
— 202 » 527 Note 2
— 204 » 578
— 205 » 579
— 206 » 605
— 207 » 626
— 208 » 635
— 209 » 643
— 210 » 667
— 211 » 677
— 212 » 693
— 213 » 696
— 214 » 710
— 215 » 713
— 216 » 714
— 217 » 725
— 218 » 742
— 219 » 744
— 220 » 747
— 221 » 777
— 223 » 790
— 226 » 810
— 229 » 829
— 230 » 829 Note 3
— 231 » 848

L'ambassade à Londres
au Ministère des Affaires Etrangères
Télégramme 129 N° 43
— 133 » 52
— 134 » 55
— 138 » 85
— 143 » 92
— 145 » 118
— 146 » 124
— 147 » 129
— 150 » 152
— 151 » 157
— 152 » 163
— 153 » 165
— 154 » 180
— 155 » 179

Télégramme 156 N° 186
— 157 » 191 a
— 159 » 201
— 160 » 218
— 161 » 230
— 162 » 237
— 164 » 258
— 165 » 266
— 166 » 265
— 171 » 301
— 174 » 357
— 176 » 355
— 178 » 368
— 179 » 362
— 183 » 418
— 184 » 435
— 187 » 438
— 189 » 439
— 191 » 447
— 192 » 460
— 193 » 454
— 194 » 469
— 196 » 489
— 197 » 484
— 200 » 518
— 203 » 537
— 205 » 562
— 208 » 576
— 209 » 570
— 212 » 596
— 213 » 611
— 214 » 603
— 217 » 631
— 218 » 641
— 220 » 669
— 221 » 676
— 222 » 691
— 224 » 689
— 225 » 687
— 226 » 706
— 227 » 707
— 228 » 708
— 229 » 732
— 230 » 731
— 231 » 736
— 234 » 764
— 237 » 769
— 238 » 770
— 240 » 784
— 241 » 782

gères
à la légation à **Pékin**
Télégramme 52 No 785 Note 2
La légation à **Pékin**
au Ministère des Affaires Etrangères
Télégramme 54 N° 796
Le Ministère des Affaires Etrangères
à l'ambassade à **Pétersbourg**
Télégramme 116 No 93
— 120 » 143
— 122 » 153
— 123 » 155 Note 2
— 124 » 154 » 2
— 125 » 157 » 2
— 126 » 198
— 127 » 184 Note 2
— 128 » 219
— 130 » 300
— 131 » 315
— 132 » 334
— 134 » 342
— 138 » 310 Note 2
— 139 » 380
— 140 » 387
— 141 » 391
— 142 » 392
— 143 » 397
— 146 » 413
— 148 » 420 Note 2
— 149 » 433 » 2
— 150 » 462
— 151 » 415 Note 2
— 153 » 490
— 159 » 542
— 161 » 593
— 163 » 624

L'ambassade à **Pétersbourg**
au Ministère des Affaires Etran-
Télégramme 144 No 108
— 146 » 130
— 147 » 134
— 148 » 148
— 149 » 160
— 152 » 190
— 153 » 194

Télégramme 157 No 217
— 158 » 216
— 159 » 215
— 161 » 217 Note 3
— 162 » 229
— 163 » 238
— 164 » 230
— 165 » 242
— 167 » 282
— 169 » 274
— 170 » 275
— 172 » 296
— 173 » 297
— 174 » 337
— 177 » 338
— 180 » 376 2
— 183 » 343
— 184 » 344
— 185 » 305
— 186 » 370
— 187 » 378
— 189 » 401
— 190 » 412
— 191 » 410
— 192 » 421
— 195 » 445
— 196 » 459
— 197 » 449
— 198 » 478
— 199 » 473
— 202 » 521
— 204 » 535
— 206 » 527
— 208 » 531
— 209 » 536
— 210 » 551
— 211 » 564
— 214 » 588
— 215 » 666

Le consulat à **Riga**
au Ministère des Affaires Etrangères
Télégramme 2 No 294

Le Ministère des Affaires Etrangères
à l'ambassade à **Rome** (1)

(1) Le changement des numéros s'explique par le fait que, pendant le séjour de l'ambassadeur à Fiuggi-Fonte, les télégrammes adressés de là à Berlin, et en partie également ceux adressés de Berlin à Fiuggi-Fonte, ont été numérotés autrement.

Télégramme 114 N° 259
—　115 » 281
—　116 » 280
—　118 » 311
—　119 » 312
—　120 » 313
—　121 » 324
—　122 » 328
—　123 » 327
—　124 » 330
—　125 » 329
—　126 » 331
—　127 » 346
—　128 » 356
—　130 » 386
—　132 » 400
—　133 » 388
—　134 » 415
—　135 » 433
—　136 » 432
—　137 » 434
—　139 » 443
—　141 » 448
—　142 » 465
—　143 » 493

Télégramme 144 N° 510
—　147 » 577
—　148 » 586 Note 3
—　149 » 561
—　150 » 569
—　151 » 567
—　152 » 573
—　153 » 585
—　154 » 597
—　155 » 668
—　156 » 672
—　158 » 704
—　159 » 700
—　162 » 772
—　163 » 798
—　164 » 818
—　166 » 840
—　167 » 841
—　168 » 844
—　169 » 861
—　170 » 802
—　171 » 858
—　174 » 877
—　178 » 878

FIN

Paris. — Imprimerie G. Picquoin, 53, Rue de Lille

KAUTSKY (K.), Secrétaire d'Etat adjoint des Affaires Étrangères d'Allemagne, lors de la Révolution du 9 novembre 1918. — **Comment s'est déclenchée la guerre mondiale**. Traduit de l'allemand par Victor Dave. 16ᵉ mille. 1 vol. in-8. . . . . **10** fr.

LEFÈVRE (A.). — **Germains et Slaves, origines et croyances**. 1 vol. in-18 avec 15 figures dans le texte et un atlas de 32 cartes dressées par Albert Lacroix. . . . . **4** fr. **90**

GRAND-CARTERET (John). — **Une victoire sans guerre**. Documents et images pour servir à l'histoire du différend franco-allemand relatif au Maroc (Agadir 1911). 1 vol. in-8° avec 97 figures. . . . . . . **4** fr. **90**

DELTUF (Paul). — **Essai sur les œuvres et la doctrine de Machiavel**, avec la traduction littérale du *Prince* et de quelques fragments historiques et littéraires. 1 vol. in-8° . . . . **12** fr.

BULWER (Sir H. Lytton), ancien ambassadeur. — **Essai sur Talleyrand**. Traduit de l'anglais par Georges Perrot. 1 vol. in-8°. . . **15** fr.

FRIEDLAENDER (L.), professeur à l'Université de Kœnigsberg. — **Mœurs romaines du règne d'Auguste à la fin des Antonins**. Trad. sur la deuxième édition allemande avec des considérations générales et des remarques, par Ch. Vogel. 4 volumes in-8°. Chaque volume. **18** fr.
> Tome I. — La ville et la cour, les trois ordres, la société et les femmes.
> Tome II. — Les spectacles et les voyages des Romains.
> Tome III. — Le luxe et les beaux-arts.
> Tome IV. — Les belles-lettres, la situation religieuse et l'état de la philosophie.
> Le tome III ne se vend pas séparément.

MOREAU DE JONNÈS (A.), membre de l'Institut. — **État économique et social de la France depuis Henri IV jusqu'à Louis XIV** (1589-1715). 1 vol. in-8°. . . . . **10** fr.

MOHL (Jules), membre de l'Institut, professeur au Collège de France. — **Vingt-sept ans d'histoire des études orientales**. 2 vol. in-8° **20** fr.

LABORDE (Dr J.-V.), membre de l'Académie de Médecine, professeur à l'Ecole d'anthropologie. — **Léon Gambetta**. Biographie psychologique (le cerveau, la parole, la fonction et l'organe). Histoire authentique de la maladie et de la mort. 1 vol. in-8° avec 10 gravures dont 5 hors-texte . . . . **7** fr. **50**

SCHLIEMANN (Henri). — **Thyrinthe. Le palais préhistorique des rois de Thyrinthe**. Résultat des dernières fouilles. 1 vol. grand in-8° avec 1 carte, 4 plans, 24 planches en chromolithographie et 188 gravures sur bois, cartonné . . . . **24** fr.

SOURY (Jules). — **Études historiques sur les religions, les arts, la civilisation de l'Asie antérieure et de la Grèce**. 1 volume in-8°. . . . . **10** fr.

SURAN (Théodore), agrégé de l'Université, professeur au Lycée d'Avignon. — **Les esprits directeurs de la pensée française**, du moyen âge à la Révolution. 1 vol. in-16 avec portraits. . . . . **4** fr. **90**

ROBIQUET (Paul). — **Histoire municipale de Paris** depuis les origines jusqu'à l'avènement d'Henri III, 1 vol. in-8° broché. . . . **12** fr.
Relié . . . . **15** fr.

CHAMPION (Edme). — **Esprit de la Révolution française**. 1 vol. in-12. . . . . **4** fr. **90**